KB072455

Special Thanks to

세상이 아무리 바쁘게 돌아가더라도
책까지 아무렇게나 빨리 만들 수는 없습니다.

길벗은 독자 여러분이
가장 쉽게, 가장 빨리 배울 수 있는 책을
한 권 한 권 정성을 다해 만들겠습니다.

독자의 1초를 아껴주는 정성을 만나보세요.

미리 책을 읽고 따라해 본 2만 베타테스터 여러분과
무따기 체험단, 길벗스쿨 엄마 2% 기획단,
시나공 평가단, 토익 배틀, 대학생 기자단까지!
믿을 수 있는 책을 함께 만들어주신 독자 여러분께 감사드립니다.

왕초보를 위한

파워포인트

무작정 따라하기

박은진 지음

길벗

왕초보를 위한

첫 파워포인트 무작정 따라하기
The Cakewalk Series-PowerPoint For Starters

초판 발행 · 2022년 9월 19일

지은이 · 박은진
발행인 · 이종원
발행처 · (주)도서출판 길벗
출판사 등록일 · 1990년 12월 24일
주소 · 서울시 마포구 월드컵로 10길 56(서교동)
대표 전화 · 02)332-0931 | **팩스** · 02)322-0586
홈페이지 · www.gilbut.co.kr | **이메일** · gilbut@gilbut.co.kr

기획 및 책임 편집 · 박슬기(sul3560@gilbut.co.kr) | **담당 편집** · 안수빈(puffer@gilbut.co.kr)
표지 디자인 · 박상희 | **본문 디자인** · 이도경 | **제작** · 이준호, 손일순, 이진혁
영업마케팅 · 전선하, 차명환, 박민영 | **영업관리** · 김명자 | **독자지원** · 윤정아, 최희창

전산편집 · 예다움 | **CTP 출력 및 인쇄** · 두경M&P | **제본** · 경문제책

ISBN 979-11-407-0136-0 03000
(길벗 도서번호 007159)

정가 15,000원

독자의 1초를 아껴주는 정성 길벗출판사
길벗 | IT단행본, IT교육서, 교양&실용서, 경제경영서
길벗스쿨 | 어린이학습, 어린이어학

페이스북 | www.facebook.com/gilbutzigy
네이버 포스트 | post.naver.com/gilbutzigy

작가의 말

파워포인트의 매력에 빠지다

파워포인트를 처음 접했을 때 너무도 다양한 기능에 매료되어 버렸습니다. 어떤 프로그램보다 다이내믹한 기능들이 너무나 신기하고 매력적으로 다가왔습니다. 이제 파워포인트 없는 발표 자료 만들기는 생각하기 어려우며 파워포인트의 다양한 기능들을 활용하여 훨씬 멋진 자료를 만들 수 있게 되었습니다.

파워포인트의 늪에 빠지다

파워포인트의 인기는 날이 가도 식지 않고 있습니다. 교육 현장의 모든 학생과 교사, 상품과 아이디어를 기획하고 제안하는 직장인, 회사와 제품을 소개하고 홍보하는 기업인, 특정 내용을 이해하기 쉽게 설명하거나 설득력 있고 멋지게 홍보하는 발표자 등 다양한 직업, 성별, 연령의 사람들이 저마다의 이유로 파워포인트를 사용하여 자료를 작성하고 있습니다. 요즘은 파워포인트를 잘 사용하지 못하면 학교생활도 직장생활도 어렵습니다. 남들보다 더 화려하고 눈에 띄는 자료를 만들기 위해 고군분투하게 되고, 자료의 내용보다 형식에 더 많은 노력을 기울이느라 골치를 썩이고 밤잠을 줄이는 일이 허다합니다. 더 멋진 자료를 만들려고 애쓰다 파워포인트의 늪에 빠져버린 것입니다.

파워포인트의 올바른 길을 찾다

이제 파워포인트 사용 능력은 기본 중의 기본이 되었습니다. 《첫 파워포인트 무작정 따라하기》와 함께 한다면 파워포인트 입문자들도 어렵지 않게 전문가적인 디자인을 만들어 낼 수 있습니다. 더 이상 도형에 화려한 효과를 적용하기 위해 여러 겹을 포개고 겹쳐서 만들지 않아도 됩니다. 어떻게 하면 촌스럽지 않은 색상을 만들어 낼 수 있을까 고민하며 자신의 미적 감각을 탓하지 않아도 됩니다. 파워포인트의 기본에 충실하면서 활용도가 높은 팁 위주의 기능들을 따라하다 보면 누구나 쉽게 단순 명료하면서도 세련된 디자인의 결과물을 만들 수 있습니다. 이 책은 멋진 자료를 좀 더 쉽게 만들 수 있는 방법을 제시합니다.

어떻게 하면 독자 여러분들의 시간을 1초라도 아끼고 만족스러운 결과물에 빠르게 도달할 수 있을지에 대한 저의 고민을 담았습니다. 이 책이 나오기까지 늘 든든한 힘이 되어 주시는 저의 멋진 파트너 박미정 선생님과 길벗의 박슬기 부장님께 감사의 마음을 전합니다.

2022.09

저자 **박은진** 드림

이 책의 구성

STEP 01 일단, '무작정' 따라해 보세요!

실제 업무에서 사용하는 핵심 기능만 쏙 뽑아 실무 예제로 찾기 쉬운 구성으로 중요도별로 배치하였기 때문에 **'무작정 따라하기'**만 해도 파워포인트 사용 능력이 크게 향상됩니다. **'Tip'**과 **'잠깐만요'**는 예제를 따라하는 동안 주의해야 할 점과 추가 정보를 친절하게 알려주고 **'핵심! 실무노트'**로 활용 능력을 업그레이드해 보세요.

반드시 알고 넘어가야 할 주요 내용 소개!

- 학습안 제시
- 결과 미리 보기
- 섹션별 주요 기능 소개

실무 업그레이드!

- 우선순위

필수 기능만 쏙 뽑아 실무에 딱 맞게!

- 핵심 기능/실무 예제
- 무작정 따라하기
- Tip/잠깐만요

검색보다 빠르다!

- 탭

완벽한 이해를 돕기 위한 동영상 강의 제공!

- 저자 직강 영상

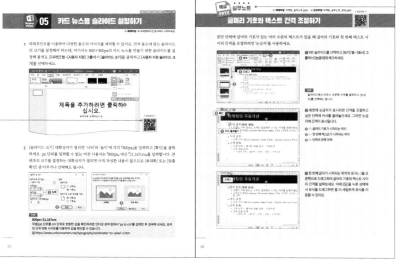

프로 비즈니스맨을 위한 활용 TIP!

- 핵심! 실무노트

'검색보다 빠르고 동료보다 친절한'
왕초보를 위한 첫 파워포인트 무작정 따라하기 이렇게 활용하세요!

STEP 02 '우선순위'와 '실무 중요도'를 적극 활용하세요!

파워포인트 사용자들이 네이버 지식in, 오피스 실무 카페 및 블로그, 웹 문서, 뉴스 등에서 **가장 많이 검색하고 찾아본 키워드를 토대로 우선순위** 20개를 선정했어요. 이 정도만 알고 있어도 파워포인트를 문제없이 다룰 수 있고 언제, 어디서든지 원하는 기능을 **금방 찾아 바로 적용**해 볼 수 있어요!

순위 ▲	키워드	관련 내용은 여기서 학습하세요!	관련 페이지
1 ▲	텍스트 입력	메시지 전달의 기본, 주요 텍스트 강조 필요	43~45
2 ▲	그림 삽입	그림 삽입하고 [그림 도구]에서 다양하게 편집	105~107
3 ▲	도형 서식	도형 삽입하고 [도형 서식 도구]에서 다양하게 편집	78~82
4 ▲	슬라이드 쇼	F5 눌러 슬라이드 쇼를 진행하고 발표자 표시 도구 활용	194~195
5 ▲	도형 배치	겹쳐진 도형의 순서 변경하고 맨 앞, 맨 뒤 등에 도형 배치	80~82
6 ▲	비디오 삽입 및 재생	슬라이드 쇼에서 동영상을 원하는 구간만 선택 재생	158~159
7 ▲	디자인 아이디어	전문가급 디자인 레이아웃을 자동으로 적용하는 기능	234~235
8 ▲	스마트 가이드	개체의 간격과 줄을 빠르고 쉽게 정렬	79
9 ▲	스마트아트 그래픽	텍스트를 단숨에 비주얼 도해로 표현하는 기능	57~63
10 ▲	표 삽입	반복되는 텍스트를 일목요연하게 정리	125
11 ▲	차트 삽입	수치 데이터를 한눈에 보이는 메시지로 시각화하는 기능	139~141
12 ▲	배경 음악 삽입	슬라이드 쇼가 진행되는 동안 음악 재생	161~163
13 ▲	슬라이드 번호	삽입할 번호 위치와 서식 지정	212~213
14 ▲	로고 삽입	슬라이드 마스터로 일정 위치에 반복 삽입	208
15 ▲	그림 배경 제거	그림 배경을 제거해 투명하게 설정	110~111
16 ▲	슬라이드 마스터	슬라이드 마스터로 디자인 및 업무 능력 향상	201~207
17 ▲	화면 전환 효과	모핑 효과, 줌 아웃 등 다양한 연출 가능	187~191
18 ▲	애니메이션 효과	개체 나타내기, 강조, 이동 등 다양한 효과 적용	167~174
19 ▲	PDF 파일 형식	장치에 상관없이 파일 열기 가능	223
20 ▲	요약 확대/축소	하이퍼링크 기능을 대체하여 자유롭게 슬라이드 탐색	215~218

메시지 전달의 필수
필수 기능
기본 기능
디자인 활용
현업 활용도↑
디자인 통일성
업무 꿀팁

목차

목차

QR코드로 동영상 강의를 시청해 보세요!

책에 실린 QR코드를 통해 저자의 동영상 강의를 바로 시청할 수 있습니다.
유튜브에서 『오피스랩』을 검색해도 강의를 무료로 볼 수 있어요.

❶ 책 속 QR코드를 찾으세요.

❷ 스마트폰 카메라를 실행하고
QR코드를 비춰보세요.

❸ 동영상 강의 링크가 나타나면
화면을 터치해 강의를 시청하세요.

CHAPTER 03 생동감 넘치는 멀티프레젠테이션 만들기

오디오/비디오 | SECTION 01 오디오/비디오로 멀티미디어 슬라이드 만들기

애니메이션 | SECTION 02 애니메이션으로 개체에 동적 효과 연출하기

슬라이드쇼 | SECTION 03 슬라이드 쇼에 멋진 화면 전환 효과 지정하기

목차

예제파일 및 완성파일 다운로드

길벗출판사(www.gilbut.co.kr)에 접속하고 검색 창에 도서 제목을 입력한 후 [검색]을 클릭하면 학습자료를 다운로드할 수 있어요. 회원으로 가입하지 않아도 자료를 받을 수 있어요. 다운로드 받은 파일은 실무에 바로 쓸 수 있는 템플릿으로 필요할 때마다 업무에 적용할 수 있습니다.

길벗출판사 홈페이지에 무엇이든 물어보세요!

책을 읽다 막히는 부분이 있으면 '**길벗 홈페이지**(www.gilbut.co.kr)' **회원으로 가입**하고 '**고객센터**' → '**1 : 1 문의**' 게시판에 질문을 올리세요. 지은이와 길벗 독자지원센터에서 신속하고 친절하게 답해 드립니다.

해당 도서의 페이지에서도 질문을 등록할 수 있어요. 홈페이지의 검색 창에 『첫 파워포인트 무작정 따라하기』를 입력해 해당 도서의 페이지로 이동하세요. 그런 다음, 질문이 있거나 오류를 발견한 경우 퀵 메뉴의 [도서문의]를 클릭해 문의 내용을 입력해 주세요. 꼭 로그인한 상태로 문의해 주세요.

❶ 문의의 종류를 선택해 주세요.

❷ 문의할 도서가 맞는지 확인해 주세요.

❸ 질문에 대한 답을 빠르게 찾을 수 있도록 해당 쪽을 기재해 주세요.

❹ 문의 내용을 입력해 주세요.

❺ 길벗 A/S 전담팀과 저자가 질문을 빠르게 파악할 수 있도록 관련 파일을 첨부해 주시면 좋아요.

❻ 모든 내용을 입력했다면 [문의하기]를 클릭해 질문을 등록하세요.

CHAPTER 01

기본 프레젠테이션 문서 작성하기

키노트, 프레지 등 발표를 도와주는 프로그램이 많지만, 파워포인트가 가장 대중화된 발표용 프로그램으로, 누구나 쉽게 쓸 수 있어요. 학교 과제, 직장인 실무 보고서 작성부터 사업 제안과 기획안 발표까지 파워포인트는 여러 사람들 앞에서 발표해야 할 때 가장 많이 널리 사용되고 있습니다. 하지만 파워포인트의 기능을 효율적으로 다루지 못한다면 오랜 시간을 투자하고도 전달력이 떨어지는 결과물이 나오는 경우가 많아요. 이번 장에서는 메시지를 효과적으로 전달하기 위해 가독성 높은 텍스트를 표현하는 방법과 슬라이드를 다루는 기본 기능에 대해 배워봅니다.

PowerPoint

SECTION

01 파워포인트 시작하기

파워포인트는 시각 자료를 만드는 소프트웨어로, 발표 주제와 관련된 이미지나 키워드를 바탕으로 도해, 표, 차트 등을 함께 활용하여 프레젠테이션을 작성합니다. 만약 빈 슬라이드에서 자료를 만드는 것이 부담스럽다면 이미 만들어진 서식이나 템플릿을 적극 활용해 보세요. 디자인이 훌륭하고 체계적으로 구성되어 있어서 누구나 쉽고 편리하게 전달하려는 메시지를 효율적으로 표현할 수 있습니다. 또한 원하는 서식이 없으면 사용자의 스타일에 따라 얼마든지 새로운 서식을 만들 수도 있습니다.

PREVIEW

▲ 백스테이지(Back Stage) 화면 살펴보기

▲ 프레젠테이션 문서 저장하기

01 시작 화면 살펴보기

파워포인트를 실행하면 나타나는 시작 화면에서는 최근에 사용한 문서를 다시 실행하거나 새로운 프레젠테이션 문서를 만들 수 있어요. 또한 제공되는 서식 파일이나 테마를 선택하여 프레젠테이션 문서를 작성할 수도 있어요.

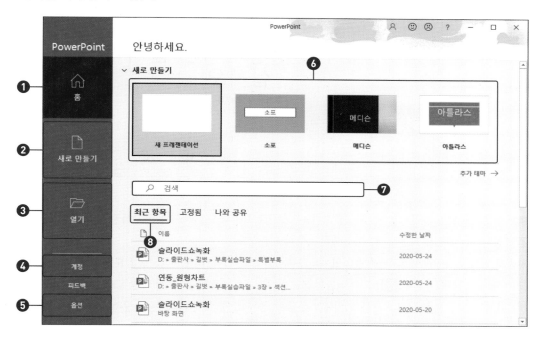

❶ **홈**: 파워포인트 프로그램의 시작 화면입니다. [홈]에서는 [새 프레젠테이션]과 '최근 항목'의 문서를 빠르게 선택하여 시작할 수 있어요.

❷ **새로 만들기**: 제공된 서식 파일을 이용하여 새 프레젠테이션 문서를 만들 수 있어요.

❸ **열기**: 최근에 사용한 프레젠테이션 문서뿐만 아니라 다른 경로(내 컴퓨터, OneDrive 등)에 저장한 문서를 열 수 있어요.

❹ **계정**: 사용하는 장치(PC, 태블릿 등)와 클라우드 서비스에서 마이크로소프트 계정을 설정해 사용할 수 있어요.

❺ **옵션**: 파워포인트의 환경 설정을 변경할 수 있어요.

❻ **[새 프레젠테이션]과 서식 파일**: 홈 화면에서 선택할 수 있는 기본 서식이나 테마를 사용하여 새 프레젠테이션을 시작할 수 있어요.

❼ **검색 입력 상자**: 찾으려는 서식 파일의 검색어를 입력하여 온라인 서식 파일 및 테마를 다운로드할 수 있어요.

❽ **최근 항목**: 최근에 작업한 파일 목록으로, 원하는 문서를 선택하여 빠르게 실행할 수 있어요.

02 화면 구성 살펴보기

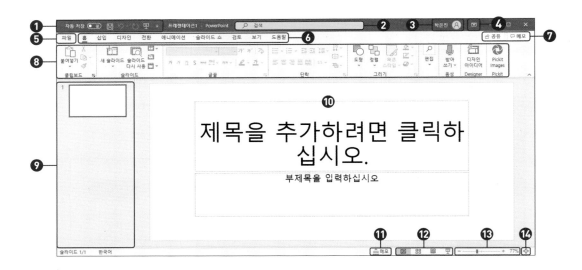

❶ 빠른 실행 도구 모음: 자주 사용하는 도구를 모아놓은 곳으로, 사용자의 필요에 따라 도구를 추가 및 삭제할 수 있어요.

❷ 검색 상자: 파워포인트 기능에 대한 도움말을 실행할 수 있어요.

❸ 사용자 계정: 로그인한 사용자의 계정이 표시되고 계정을 관리하거나 다른 사용자로 전환할 수 있어요.

❹ [리본 메뉴 표시 옵션] 단추(🔲): 리본 메뉴의 탭과 명령 단추들을 모두 표시하거나 숨길 수 있어요.

❺ [파일] 탭: 파일을 열고 닫거나 저장 및 인쇄할 수 있고, 공유 및 계정, 내보내기 등의 문서 관리도 가능해요. 또한 다양한 파워포인트 옵션도 지정할 수 있어요.

❻ 탭: 클릭하면 기능에 맞는 도구 모음이 나타납니다. 기본적으로 제공되는 탭 외에 도형, 그림, 표 등의 개체를 선택하면 개체를 편집할 수 있는 상황별 탭이 추가로 나타나요.

❼ [공유], [메모]: 공유 기능을 이용해서 해당 문서를 함께 작업하고 있는 다른 사용자를 확인하고 공유 옵션을 지정할 수 있어요. 메모를 이용하면 공동 작업자 간의 의견을 좀 더 쉽게 교환할 수 있어요.

❽ 리본 메뉴: 선택한 탭과 관련된 명령 단추들이 비슷한 기능별로 묶인 몇 개의 그룹으로 구성되어 있어요.

❾ 슬라이드 축소판 그림 창: 슬라이드의 축소판 그림이 나타나는 공간으로, 문서의 순서를 정하거나 슬라이드와 관련된 작업을 할 때 주로 사용해요.

❿ 슬라이드 창: 파워포인트를 작업하는 기본 창으로, 개체를 삽입하거나 텍스트를 입력하고 편집할 때 사용해요.

⓫ 슬라이드 노트(🔲슬메모): 클릭하면 [슬라이드 노트] 공간이 열리고 여기에 입력한 내용은 발표자용 서브 노트로 활용할 수 있어요.

⓬ 화면 보기 단추: [기본] 단추(🔲), [여러 슬라이드] 단추(🔲), [읽기용 보기] 단추(🔲), [슬라이드 쇼] 단추(🔲)를 클릭해서 화면 보기 상태를 선택할 수 있어요.

⓭ 확대/축소: 슬라이드바를 드래그하거나 숫자를 클릭하여 화면 보기 비율을 10~400%까지 확대 및 축소할 수 있어요.

⓮ 최적화 보기 단추(🔲): 슬라이드를 현재 창의 크기에 맞출 수 있어요.

Power Point 03 프레젠테이션의 보기 형식 살펴보기

1 | 기본 보기(▣)

기본 보기는 파워포인트를 실행했을 때 볼 수 있는 가장 기본적인 화면으로, 슬라이드 내용을 편집할 때 사용해요. 다른 보기 상태에서 기본 보기로 전환하려면 **[보기] 탭-[프레젠테이션 보기] 그룹**에서 **[기본]**을 클릭하거나 화면의 오른쪽 아래에 있는 [기본] 단추(▣)를 클릭하세요.

TIP

화면의 왼쪽에 있는 슬라이드 축소판 그림 창과 오른쪽에 있는 슬라이드 창의 세로 경계선에 마우스 포인터를 올려놓은 후 ↔ 모양으로 변경되었을 때 왼쪽이나 오른쪽으로 드래그하면 창 크기를 조절할 수 있어요.

2 | 여러 슬라이드 보기(🔲🔲)

여러 슬라이드 보기는 한 화면에서 여러 슬라이드를 확인할 수 있는 화면으로, 슬라이드의 전체 흐름을 파악하거나 슬라이드 간 이동 및 삭제 등의 작업이 필요할 때 사용해요. **[보기] 탭-[프레젠테이션 보기] 그룹**에서 **[여러 슬라이드]**를 클릭하거나 화면의 오른쪽 아래에 있는 [여러 슬라이드] 단추(🔲🔲)를 클릭하세요.

3 | 읽기용 보기(▥)

읽기용 보기는 파워포인트 문서에 적용한 애니메이션과 화면 전환 효과를 확인할 때 사용해요. **[보기] 탭-[프레젠테이션 보기] 그룹**에서 **[읽기용 보기]**를 클릭하거나 화면의 오른쪽 아래에 있는 [읽기용 보기] 단추(▥)를 클릭하세요. 읽기용 보기 화면에서 원래의 화면으로 되돌아오려면 [Esc]를 누르세요.

4 | 슬라이드 쇼(🔲)

슬라이드 쇼는 슬라이드의 내용이 전체 화면에 가득 채워지면서 애니메이션, 화면 전환, 동영상, 소리 등의 효과가 모두 실행됩니다. [슬라이드 쇼] 탭-[슬라이드 쇼 시작] 그룹에서 [처음부터] 또는 [현재 슬라이드부터]를 클릭하거나 화면의 오른쪽 아래에 있는 [슬라이드 쇼] 단추(🔲)를 클릭하세요. 슬라이드 쇼를 종료하려면 Esc를 누르세요.

> **TIP**
> • [처음부터] 슬라이드 쇼: F5
> • [현재 슬라이드부터] 슬라이드 쇼: Shift + F5

잠깐만요 > 자주 사용하는 슬라이드의 크기 살펴보기

용도	픽셀(px)	크기(cm)	용도	픽셀(px)	크기(cm)
유튜브 섬네일	1280×720	33.867×19.05	인스타그램 피드	1200×1200	31.75×31.75
인스타그램 스토리	1080×1920	28.575×50.8	카드뉴스, SNS	800×800	21.167×21.167
카드뉴스 가로	1200×800	31.75×21.167	카드뉴스 세로	800×1200	21.167×31.75
인포그래픽 가로	1920×1080	50.8×28.575	인포그래픽 세로	1080×1920	28.575×50.8
페이스북 커버	820×312	21.696×8.255	블로그 섬네일	800×800	21.167×21.167

Power Point 04 새 프레젠테이션 만들기

● **예제파일:** 새 프레젠테이션 문서에서 시작하세요.

1 기본 서식의 새 프레젠테이션 문서를 만들려면 [**파일**] **탭**을 클릭하세요. 백스테이지(Back Stage) 화면이 열리면 [**새로 만들기**]를 선택하고 [**새 프레젠테이션**]을 선택하세요.

 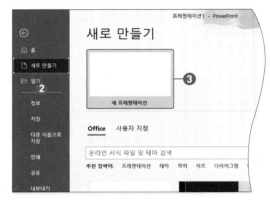

TIP

파워포인트 버전에 따라 [새 프레젠테이션]을 선택하고 [만들기]를 클릭해야 새 프레젠테이션(Ctrl+N)을 만들 수도 있어요.

2 기본 서식의 새 프레젠테이션 문서가 만들어지면 먼저 작성할 슬라이드의 크기와 방향을 선택해야 해요. 슬라이드의 크기를 바꾸려면 [**디자인**] **탭**-[**사용자 지정**] **그룹**에서 [**슬라이드 크기**]를 클릭하고 [**표준(4:3)**] 또는 [**와이드스크린(16:9)**]을 선택하세요. 그 외의 크기로 변경하려면 [**사용자 지정 슬라이드 크기**]를 선택해야 합니다.

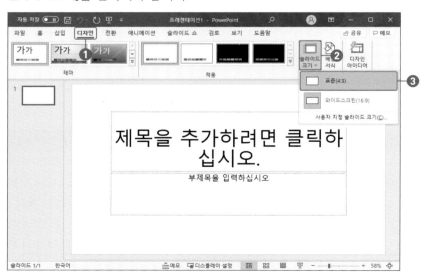

3 슬라이드의 크기가 표준(4:3) 크기인 새 프레젠테이션 문서를 만들었어요.

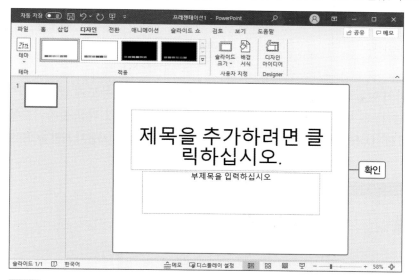

<table>
<tr><td>문서시작</td></tr>
<tr><td>텍스트</td></tr>
<tr><td>스마트아트그래픽</td></tr>
<tr><td>도형/도해</td></tr>
<tr><td>그림/표/차트</td></tr>
<tr><td>오디오/비디오</td></tr>
<tr><td>애니메이션</td></tr>
<tr><td>슬라이드쇼</td></tr>
<tr><td>테마디자인</td></tr>
<tr><td>저장/인쇄</td></tr>
</table>

TIP

파워포인트 버전에 따라 기본 프레젠테이션 문서의 슬라이드 크기가 달라요.
- **파워포인트 2010**: 표준(4:3) – 25.4×19.05cm
- **파워포인트 2013, 2016, 2019, M365**: 와이드스크린(16:9) – 33.867×19.05cm

---

잠깐만요 > 새 슬라이드에 맞게 크기 조정하기

기존보다 슬라이드의 크기를 작게 변경할 경우에는 콘텐츠의 크기를 어떻게 변경할지 선택하는 대화상자가 열립니다.

❶ **최대화**: 콘텐츠의 크기를 원래 상태로 유지하기 때문에 콘텐츠가 슬라이드의 밖으로 나갈 수도 있습니다.
❷ **맞춤 확인**: 슬라이드의 크기에 맞게 콘텐츠의 크기를 줄여서 표시합니다.

05 카드 뉴스용 슬라이드 설정하기

◉ **예제파일**: 새 프레젠테이션 문서에서 시작하세요.

1 파워포인트를 이용하여 다양한 용도의 이미지를 제작할 수 있어요. 먼저 용도에 맞는 슬라이드의 크기를 설정해야 하는데, 여기서는 800×800px의 카드 뉴스를 만들기 위한 슬라이드를 설정해 볼게요. **[디자인] 탭-[사용자 지정] 그룹**에서 **[슬라이드 크기]**를 클릭하고 **[사용자 지정 슬라이드 크기]**를 선택하세요.

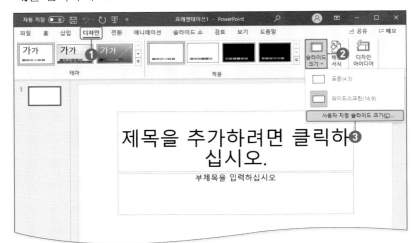

2 [슬라이드 크기] 대화상자가 열리면 '너비'와 '높이'에 각각 『800px』을 입력하고 [확인]을 클릭하세요. px 단위를 입력할 수 없는 버전 사용자는 『800px』 대신 『21.167cm』를 입력합니다. 콘텐츠의 크기를 결정하는 대화상자가 열리면 아직 작성한 내용이 없으므로 [최대화] 또는 [맞춤 확인] 중 아무거나 선택해도 됩니다.

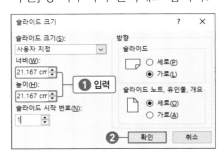
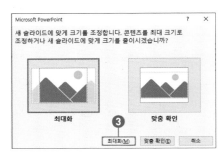

> **TIP**
>
> **800px=21.167cm**
> 픽셀(px) 단위를 cm 단위로 변환한 값을 확인하려면 인터넷 검색 창에서 'px to cm'를 입력한 후 검색해 보세요. 검색된 단위 변환 사이트를 이용하여 값을 확인할 수 있습니다.
> 예 https://www.unitconverters.net/typography/centimeter-to-pixel-x.htm

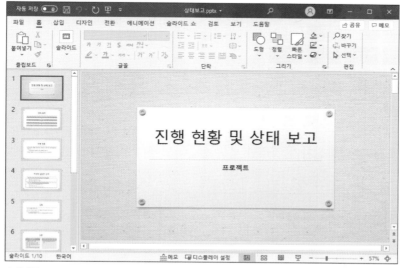

Power Point **06** **기존 문서에 테마 적용하기**

● **예제파일**: 상태보고.pptx, 마케팅.pptx　● **완성파일**: 상태보고_완성.pptx

1 작성한 프레젠테이션 문서의 테마나 서식이 마음에 들지 않아 다른 디자인으로 변경하고 싶은 경우가 있어요. 이번에는 '상태보고.pptx' 문서에 '마케팅.pptx'의 테마를 적용할 것인데, 먼저 두 개의 파일을 열어서 디자인을 확인합니다.

▶ 영상강의 ◀

▲ 상태보고.pptx

▲ 마케팅.pptx

2 '상태보고.pptx'를 선택하고 [디자인] 탭-[테마] 그룹에서 [자세히] 단추(▽)를 클릭한 후 [테마 찾아보기]를 선택합니다.

3 [테마 또는 테마 문서 선택] 대화상자가 열리면 부록 실습파일에서 '마케팅.pptx'를 선택하고 [적용]을 클릭하세요.

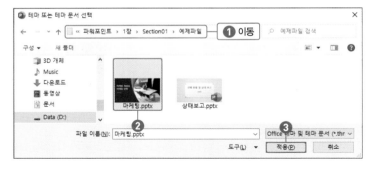

4 슬라이드를 이동하면서 '상태보고.pptx' 문서 전체에 '마케팅.pptx'의 배경 그림, 텍스트 서식, 글머리 기호의 모양, 컬러 등이 적용되었는지 확인하세요.

TIP

설정한 테마를 취소하고 기본 디자인으로 되돌아가려면 [디자인] 탭-[테마] 그룹에서 [자세히] 단추(▽)를 클릭하고 [Office 테마]를 선택하세요.

07 프레젠테이션 저장하기

● **예제파일**: 앞의 실습에 이어서 실습하세요.　　● **완성파일**: 프로젝트_상태보고.pptx

1 24쪽에서 완성한 프레젠테이션 문서를 저장하기 위해 **[파일] 탭**을 클릭하세요.

2 백스테이지 화면에서 **[다른 이름으로 저장]**을 선택하고 저장 위치를 지정하기 위해 [찾아보기]를 선택하세요.

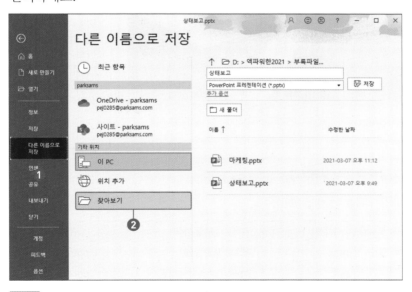

TIP

프레젠테이션 문서를 처음 저장한다면 **[파일] 탭-[저장]**을 선택해도 [다른 이름으로 저장] 대화상자가 열려요.

- 저장: Ctrl + S 또는 빠른 실행 도구 모음의 [저장] 도구(🖫)
- 다른 이름으로 저장: F12

문서시작 / 텍스트 / 스마트아트그래픽 / 도형/도해 / 그림/표/차트 / 오디오/비디오 / 애니메이션 / 슬라이드쇼 / 테마디자인 / 저장/인쇄

3 [다른 이름으로 저장] 대화상자가 열리면 '파일 이름'에『프로젝트_상태보고』를 입력하고 [저장]을 클릭하세요. 이때 '파일 형식'은 'PowerPoint 프레젠테이션 (*.pptx)'으로 저장됩니다.

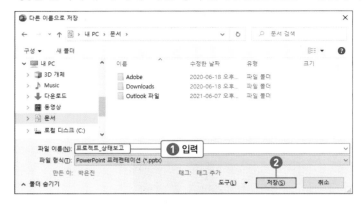

4 제목 표시줄에 **3** 과정에서 입력한 파일 이름이 표시되면 프레젠테이션 문서가 저장된 것입니다.

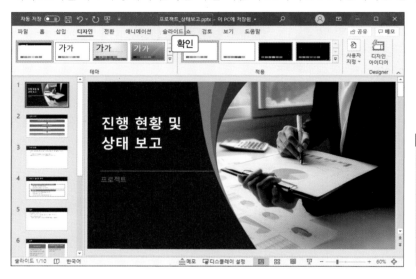

TIP

저장된 다른 문서를 실행하려면 [**파일**] 탭-[**열기**]를 선택하고 [찾아보기]를 선택하여 [열기] 대화상자를 연후 해당 파일을 찾아서 클릭하세요.

잠깐만요 > 자주 사용하는 저장 파일 형식 살펴보기

다양한 파일 형식으로 프레젠테이션 문서를 저장할 수 있어요.

파일 형식	확장자	파일 형식	확장자
프레젠테이션 문서	.pptx	매크로 포함 문서	.pptm
PowerPoint 97 – 2003	.ppt	PowerPoint 서식 파일	.potx
PDF 문서	.pdf	MPEG-4 비디오	.mp4
PowerPoint 쇼	.ppsx	Windows Media 비디오	.wmv
PNG 형식	.png	JPEG 파일 교환 형식	.jpg

잠깐만요 > 프레젠테이션 문서를 작성할 때의 꿀팁 익히기

1. 최근에 사용한 프레젠테이션 문서 빠르게 열기

백스테이지 화면에서 **[열기]**를 선택하고 [최근 항목]에서 최근에 실행한 파일을 찾아 선택하면 프레젠테이션 문서를 빠르게 열 수 있어요.

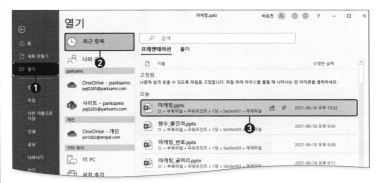

2. 최근에 사용한 파일 목록에 나타나는 파일 수 변경하기

[파일] 탭-[옵션]을 선택하여 [PowerPoint 옵션] 창을 열고 [고급] 범주에서 '표시'의 '표시할 최근 프레젠테이션 수'에 파일의 개수를 0~50 사이로 수정하세요. 만약 『0』을 입력하면 최근에 사용한 파일 목록에 파일이 표시되지 않습니다.

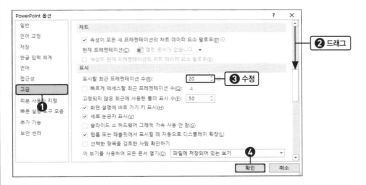

3. 자주 사용하는 파일이나 폴더를 목록에 고정 또는 고정 해제하기

백스테이지 화면에서 **[열기]**를 선택하고 [최근 항목]을 선택한 후 화면의 오른쪽 창에 나타난 목록에서 파일의 옆에 표시된 [이 항목을 목록에 고정] 단추(📌)를 클릭하거나, 마우스 오른쪽 단추를 클릭한 후 [목록에 고정]을 선택하면 해당 파일을 목록에 고정시킬 수 있어요. 이렇게 목록에 파일을 고정시키면 최근에 실행한 파일의 수가 많아도 항상 맨 위에 표시됩니다. 고정을 해제하려면 [이 항목을 목록에서 고정 해제] 단추(📌)를 클릭하거나, 마우스 오른쪽 단추를 클릭한 후 [목록에서 이 항목 고정 해제]를 선택하세요.

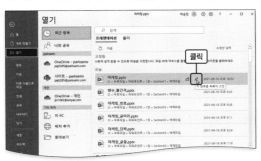

▲ 목록에 파일 고정하기

▲ 목록에서 파일 고정 해제하기

08 빠른 실행 도구 모음에 아이콘 추가하기

◉ **예제파일**: 새 프레젠테이션 문서에서 시작하세요.

1 자주 사용하는 기능을 빠른 실행 도구 모음에 등록해 두면 빠르게 실행할 수 있어 편리해요. 사용자 지정 슬라이드 크기 설정 기능을 빠른 실행 도구 모음에 등록해 볼게요. **[디자인] 탭-[사용자 지정]** 그룹에서 **[슬라이드 크기]**를 클릭하고 **[사용자 지정 슬라이드 크기]**에서 마우스 오른쪽 단추를 클릭한 후 **[빠른 실행 도구 모음에 추가]**를 선택하세요.

2 빠른 실행 도구 모음에 추가된 '사용자 지정 슬라이드 크기' 아이콘을 클릭하여 빠르게 실행해 보세요.

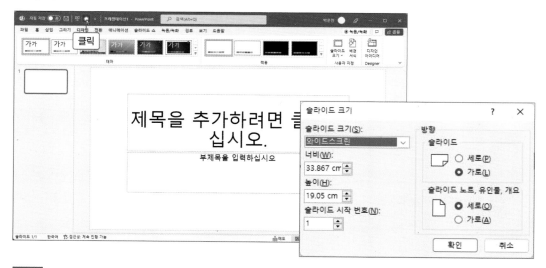

TIP

빠른 실행 도구 모음에 등록된 아이콘을 제거하려면 아이콘 위에서 마우스 오른쪽 단추를 눌러 **[빠른 실행 도구 모음에서 제거]**를 선택합니다.

Power Point 09 빠른 실행 도구 모음 전문가처럼 활용하기

● **예제파일**: 새 프레젠테이션 문서에서 시작하세요, Customizations.exportedUI

1 리본 메뉴 위쪽에 있는 빠른 실행 도구 모음의 기본 위치는 파일명 등 요소가 많아 사용할 수 있는 공간이 좁으므로 목록 단추(▼)를 클릭하여 **[리본 메뉴 아래에 표시]**를 선택하세요.

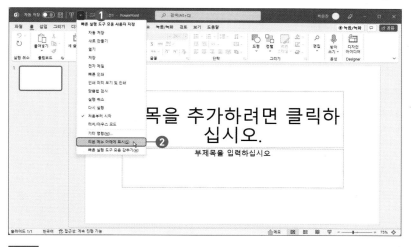

TIP

빠른 실행 도구 모음이 리본 메뉴 아래로 이동되면 창의 가로 폭만큼 필요한 아이콘을 등록하여 사용할 수 있고, 작업 창에서 아이콘까지 이동하는 동선도 줄일 수 있어 편리해요.

2 목록 단추(▼)를 클릭하고 **[기타 명령]**을 선택하세요.

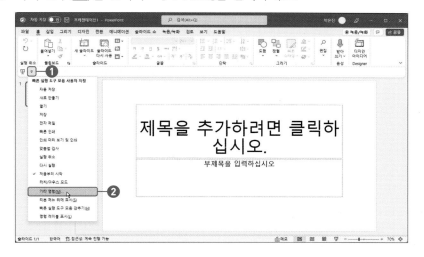

문서시작 / 텍스트 / 스마트아트그래픽 / 도형/도해 / 그림/표/차트 / 오디오/비디오 / 애니메이션 / 슬라이드쇼 / 템플릿디자인 / 저장/인쇄

3 PowerPoint 옵션 창의 [빠른 실행 도구 모음] 범주에서 '빠른 실행 도구 모음 사용자 지정'을 할 수 있어요. 원하는 명령을 선택하고 추가(A) >> 를 클릭하면 오른쪽 빠른 실행 도구 모음 목록에 등록됩니다. '명령 선택'의 [디자인 탭]-[사용자 지정 슬라이드 크기...]를 차례로 선택하고 추가(A) >> 를 클릭하세요.

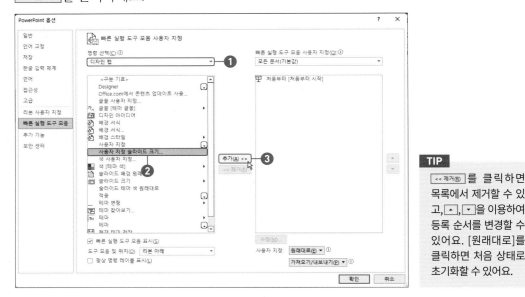

TIP

<< 제거(R) 를 클릭하면 목록에서 제거할 수 있고, ▲, ▼ 을 이용하여 등록 순서를 변경할 수 있어요. [원래대로]를 클릭하면 처음 상태로 초기화할 수 있어요.

4 이번에는 [가져오기/내보내기]-[사용자 지정 파일 가져오기]를 클릭하세요.

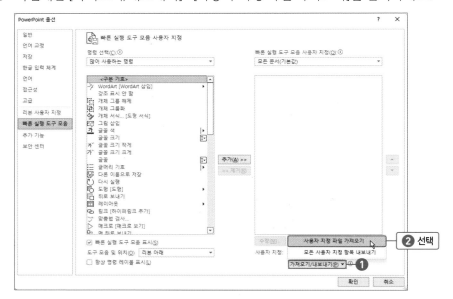

TIP

[사용자 지정 파일 가져오기]를 선택하면 내 컴퓨터에 저장된 빠른 실행 도구 모음 구성 파일을 가져올 수 있고, [모든 사용자 지정 항목 내보내기]를 선택하면 빠른 실행 도구 모음 설정을 파일로 저장할 수 있어요.

5 [파일 열기] 대화상자가 열리면 부록의 예제 파일에서 'Customizations.exportedUI' 파일을 선택하고 [열기]를 클릭하세요. '이 프로그램에 대한 기존의 모든 리본 및 빠른 실행 도구 모음 사용자 지정 내용을 바꾸시겠습니까?' 대화상자가 열리면 [예]를 클릭하세요.

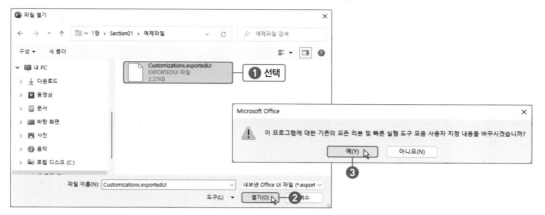

6 PowerPoint 옵션 창의 [빠른 실행 도구 모음] 범주로 되돌아오면 [확인]을 클릭하세요.

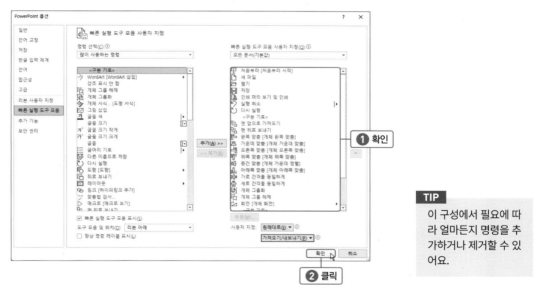

TIP

이 구성에서 필요에 따라 얼마든지 명령을 추가하거나 제거할 수 있어요.

7 빠른 실행 도구 모음에 자주 사용하는 도구들이 등록되었는지 확인하세요.

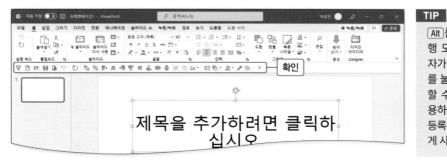

TIP

Alt 를 누르면 빠른 실행 도구 모음 위에 숫자가 나타나며, 이 숫자를 눌러 단축키로 활용할 수 있으니 자주 사용하는 도구를 앞쪽에 등록하면 좀 더 편리하게 사용할 수 있어요.

문서시작

텍스트

스마트아트그래픽

도형/도해

그림/표/차트

오디오/비디오

애니메이션

슬라이드쇼

테마디자인

저장/인쇄

02 자유자재로 슬라이드 다루기

파워포인트만큼 문서를 쉽게 작성하고 편집할 수 있는 친숙한 프로그램은 없어요. 이번 섹션에서는 프레젠테이션 문서를 만들기 위해 꼭 알아야 할 슬라이드 삽입 및 이동, 복사, 레이아웃 변경 등의 기본적인 슬라이드 편집 기능에 대해 배워보겠습니다. 여기서 알려주는 과정을 확실하게 알고 있어야 제2장 이후에 다루는 예제를 쉽게 따라할 수 있으니 잘 익혀두세요.

PREVIEW

▼

▲ 레이아웃 선택하여 새 슬라이드
삽입하기

▲ 원본 서식 유지하면서 슬라이드 복사하기

섹션별   **01** | 새 슬라이드 삽입하기   **02** | 슬라이드 선택하고 레이아웃 변경하기   **03** | 슬라이드 복제하고 이동하기
주요 내용   **04** | 슬라이드 삭제하고 서식 재지정하기   **05** | 논리적 구역으로 슬라이드 관리하기   **06** | 슬라이드 복사하기

Power Point 05 논리적 구역으로 슬라이드 관리하기

◉ **예제파일**: 운동_구역.pptx   ◉ **완성파일**: 운동_구역_완성.pptx

1 슬라이드 축소판 그림 창의 3번 슬라이드에서 마우스 오른쪽 단추를 클릭하고 [구역 추가]를 선택하세요.

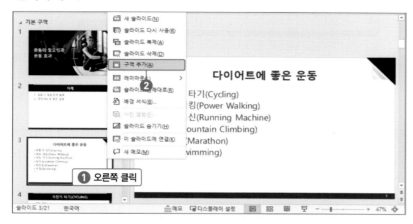

TIP

[홈] 탭-[슬라이드] 그룹에서 [구역]을 클릭하고 [구역 추가]를 선택해도 됩니다.

2 3번 슬라이드에 구역이 추가되면서 1번 슬라이드와 2번 슬라이드는 '기본 구역'이 되고 3번 슬라이드부터 9번 슬라이드는 '제목 없는 구역'으로 설정되었는지 확인하세요. [구역 이름 바꾸기] 대화상자가 열리면 설정할 '구역 이름'에 『다이어트 운동』을 입력하고 [이름 바꾸기]를 클릭하세요.

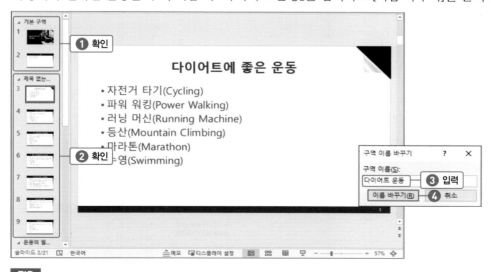

TIP

구역 이름 앞의 [구역 축소] 단추(◀)를 클릭하면 특정 구역의 슬라이드를 모두 축소하여 감출 수 있어요. 반대로 [구역 확장] 단추(▶)를 클릭하면 특정 구역의 모든 슬라이드가 표시되도록 확장할 수 있습니다.

3 구역 이름이 '다이어트 운동'으로 바뀌었으면 변경된 구역 이름에서 마우스 오른쪽 단추를 클릭한 후 [모두 축소]를 선택합니다.

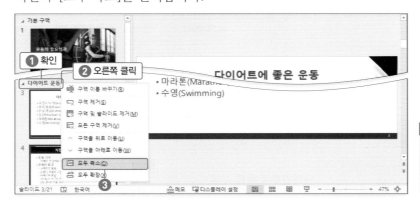

TIP

인쇄 범위도 구역 단위로 지정할 수 있어서 매우 효율적입니다.

4 슬라이드가 축소되면서 구역 이름만 표시되었으면 구역 이름 중 '다이어트 운동' 구역에서 마우스 오른쪽 단추를 클릭하고 [구역을 아래로 이동]을 선택합니다. 이렇게 하면 여러 슬라이드로 구성된 구역의 순서를 위쪽이나 아래쪽으로 이동할 수 있어요.

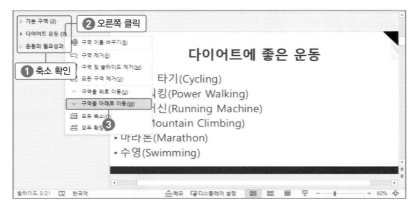

TIP

파일을 폴더에 넣어 관리하는 것처럼 구역을 사용하여 슬라이드를 그룹으로 묶을 수 있습니다. 슬라이드의 수가 많은 프레젠테이션 문서는 논리적 구역을 나누어서 정리하면 슬라이드를 편리하게 이동 및 삭제할 수 있어요.

5 '다이어트 운동' 구역이 '운동의 필요성과 효과' 구역의 아래쪽으로 이동했으면 '다이어트 운동' 구역의 이름 앞에 있는 [구역 확장] 단추(▶)를 클릭합니다. 구역이 확대되면 해당 구역을 확장하세요.

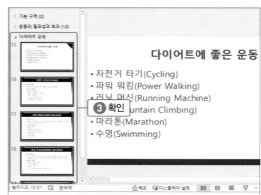

06 슬라이드 복사하기

● **예제파일**: 운동_복사.pptx　　● **완성파일**: 운동_복사_완성.pptx

1 슬라이드 축소판 그림 창의 2번 슬라이드에서 마우스 오른쪽 단추를 클릭하고 [복사]를 선택하세요.

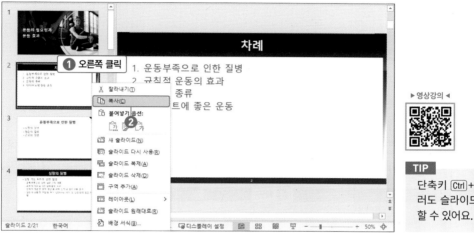

▶영상강의◀

TIP
단축키 Ctrl + C 를 눌러도 슬라이드를 복사할 수 있어요.

2 6번과 7번 슬라이드 사이에서 마우스 오른쪽 단추를 클릭하고 '붙여넣기 옵션'에서 [대상 테마 사용](📋)을 클릭하세요.

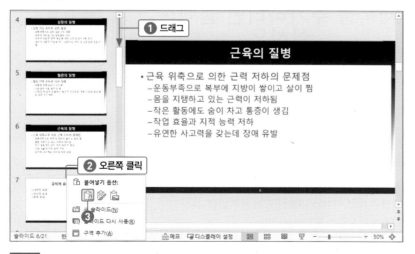

TIP
단축키 Ctrl + V 를 누르거나 [홈] 탭-[클립보드] 그룹에서 [붙여넣기]의 📋를 클릭해도 됩니다.

3 복사한 슬라이드를 붙여넣었으면 새 프레젠테이션을 만들기 위해 [Ctrl]+[N]을 누르세요.

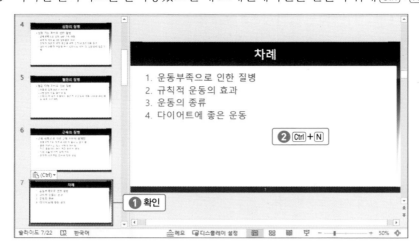

4 새 프레젠테이션이 열리면 [홈] 탭-[클립보드] 그룹에서 [붙여넣기]의 붙여넣기를 클릭하고 '붙여넣기 옵션'에서 [대상 테마 사용](📋)을 클릭하여 **1** 과정에서 복사한 슬라이드를 붙여넣으세요.

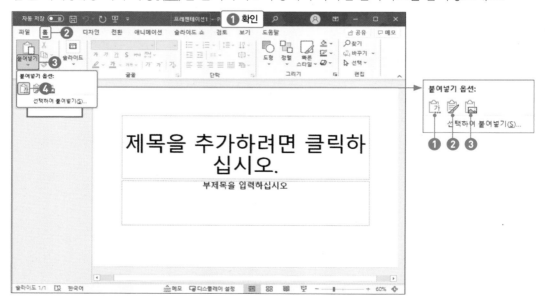

❶ **대상 테마 사용**(📋): 원본의 서식 없이 내용만 붙여넣습니다.
❷ **원본 서식 유지**(📋): 원본의 배경 서식과 내용을 함께 붙여넣습니다.
❸ **그림**(📋): 슬라이드 모양의 그림으로 붙여넣습니다.

5 2번 슬라이드가 추가되면 내용만 복사되었는지 확인합니다. **[홈] 탭-[클립보드] 그룹**에서 **[붙여넣기]**의 붙여넣기를 한 번 더 클릭하고 '붙여넣기 옵션'에서 **[원본 서식 유지]**(🖌️)를 클릭하세요.

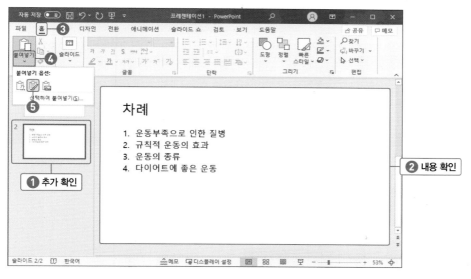

6 3번 슬라이드가 추가되면서 내용뿐만 아니라 원본의 배경도 유지되면서 함께 복사되었는지 확인합니다. 이와 같이 슬라이드를 복사할 때 내용만 복사할 것인지, 내용과 함께 서식도 복사할 것인지 선택해서 붙여넣을 수 있어요.

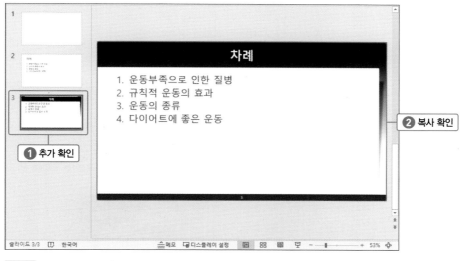

TIP
슬라이드 축소판 그림 창에서 마우스 오른쪽 단추를 클릭해도 복사 & 붙여넣기할 수 있어요.

03 텍스트 슬라이드 만들기

프레젠테이션 디자인의 기본이면서 메시지를 전달하는 데 가장 중요한 요소는 바로 '텍스트'입니다. 입력한 글자에 다양한 모양의 글꼴, 색상, 글머리 기호를 지정하거나 적당한 줄 간격과 워드아트 서식을 적용하면 읽기 쉬우면서 보기에 좋은 텍스트 디자인을 할 수 있어요. 이번 섹션에서는 슬라이드에 입력한 글자를 다양한 모양 및 글꼴로 변경해 보고 정확한 내용을 전달하기 위한 글꼴 크기와 색상에 대해 알아봅니다.

PREVIEW

마케팅의 주요 개념

- 소비자의 필요(Needs)
  - 소비자가 기본적인 만족의 결핍을 느끼고 있는 상태
- 소비자의 욕구(Want)
  - 소비자가 필요들을 만족시킬 수 있는 구체적인 방법과 대상
- 교환(Exchange)
  - 가치 있는 제품 및 서비스에 대하여 대가를 지불하고 획득하는 행위

▲ 단락의 목록 수준 늘리기

향수의 제조과정

1. **향료 모으기**
   - 대부분의 향수는 천연 향료와 합성 향료를 조합한 향료
   - 향수의 주원료가 되는 각종 꽃과 식물들은 주로 남미나 아시아, 페르시아 연안 및 유럽 등지가 산지
   - 천연 향료의 원료가 되는 꽃들은 매우 다양
     - 재스민, 장미, 오렌지꽃, 바이올렛, 양골담초, 카네이션, 시클라멘, 치자꽃, 히아신스, 아이리스, 라일락, 은방울꽃, 목서초, 미모사, 수선화, 난, 지중해산 관상식물, 일랑일랑 등 수백 가지

▲ 줄 간격과 줄 바꿈 설정하기

Power Point 01 텍스트 입력하기

● **예제파일**: 마케팅.pptx ● **완성파일**: 마케팅_완성.pptx

1 1번 슬라이드를 선택하고 제목에는 『마케팅 개념과 마케팅 전략』을, 부제목에는 『영업관리팀』
을 입력한 후 [홈] 탭-[슬라이드] 그룹에서 [새 슬라이드]의 🖭를 클릭하세요.

TIP

Ctrl+M을 눌러도 새
슬라이드를 삽입할 수
있어요.

2 1번 슬라이드 다음에 새 슬라이드가 삽입되면 제목에는 『목차』를, 내용에는 『마케팅의 정의』를
입력하고 Enter를 눌러 줄을 변경한 후 『마케팅의 주요 개념』을 입력합니다. 이와 같은 방법으로
다음 줄에 『마케팅 의사결정 변수』를 입력하세요.

TIP

• Enter : 단락이 바뀌면서 글머리 기호가 있는 줄로 바꿈
• Shift+Enter : 단락은 유지하면서 글머리 기호 없이 줄 바꿈
• Ctrl+Enter : 다음 텍스트 개체 틀로 이동

02 글꼴 서식 지정해 텍스트 꾸미기

◉ **예제파일**: 마케팅_글꼴.pptx ◉ **완성파일**: 마케팅_글꼴_완성.pptx

1 11번 슬라이드에서 첫 번째 검은색 도형 안쪽의 텍스트 상자를 선택하고 Shift 를 이용해 나머지 텍스트 상자들을 모두 선택하세요. [홈] 탭-[글꼴] 그룹에서 [글꼴 크기 크게]를 세 번 클릭하여 텍스트의 크기를 [28pt]로 지정하고 [굵게]를 클릭하세요.

TIP

[글꼴 크기 크게] 대신 '텍스트 크기'에서 『28pt』를 입력하거나 선택해도 됩니다. [홈] 탭-[글꼴] 그룹에서 [굵게], [기울임꼴], [밑줄], [텍스트 그림자], [취소선] 등은 한 번 클릭하면 기능이 적용되고 한 번 더 클릭하면 기능이 해제됩니다.

2 첫 번째 텍스트 상자의 'Product'에서 'P' 부분만 선택하고 [홈] 탭-[글꼴] 그룹에서 [글꼴 색]의 목록 단추(▽)를 클릭한 후 '테마 색'에서 [황금색, 강조 4]를 선택합니다.

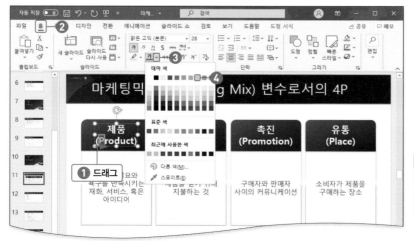

TIP

F4 를 눌러 방금 전의 작업을 빠르게 다시 실행할 수 있어요.

44

3 **2** 과정과 같은 방법으로 나머지 텍스트 상자의 'P'에도 같은 글꼴 색을 지정하세요. Shift 를 이용해 네 개의 텍스트 상자를 차례대로 클릭하여 모두 선택하고 **[홈] 탭–[글꼴] 그룹**에서 **[문자 간격]**을 클릭한 후 **[넓게]**를 선택하세요.

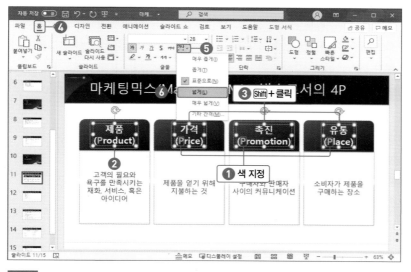

TIP

Shift +클릭하지 않고 네 개의 텍스트 상자가 모두 포함되도록 마우스로 크게 드래그해도 함께 선택할 수 있어요.

4 Esc 를 눌러 텍스트 상자의 선택을 해제하고 문자 간격이 넓어졌는지 확인하세요.

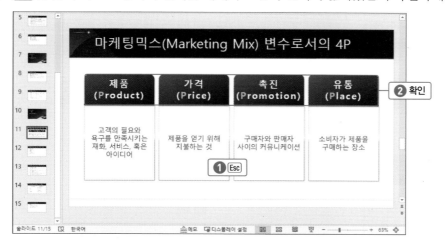

문서서식

텍스트

스마트아트그래픽

도형/도해

그림/차트

오디오/비디오

애니메이션

슬라이드쇼

테마디자인

저장/인쇄

03 단락의 목록 수준 조절하기

● **예제파일**: 마케팅_단락.pptx   ● **완성파일**: 마케팅_단락_완성.pptx

1 8번 슬라이드의 본문 텍스트에서 두 번째 줄을 드래그하여 선택하고 **[홈] 탭-[단락] 그룹**에서 **[목록 수준 늘림]**을 클릭하세요.

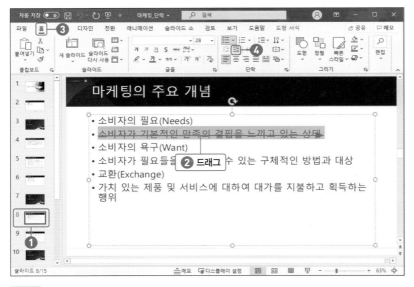

> **TIP**
>
> 텍스트의 범위를 지정하려면 마우스 포인터가 I 모양일 때 드래그해야 합니다. 한 단락만 변경할 때는 범위 지정 대신 커서를 클릭한 후 작업해도 됩니다.

2 두 번째 줄의 내용이 들여쓰기되었는지 확인하세요. 이와 같은 방법으로 네 번째 줄과 여섯 번째 줄의 내용에도 '목록 수준 늘림'을 적용하여 목록을 들여쓰기하세요.

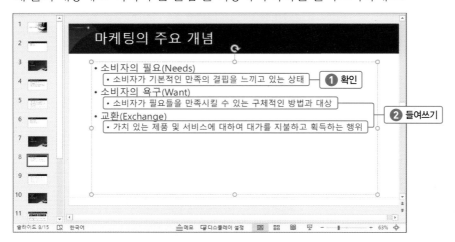

Power Point 04 글머리 기호의 모양과 색상 변경하기

● **예제파일**: 마케팅_글머리.pptx   ● **완성파일**: 마케팅_글머리_완성.pptx

1 9번 슬라이드의 본문 텍스트에서 첫 번째 줄에 커서를 올려놓으세요. [**홈**] **탭**−[**단락**] **그룹**에서 [**글머리 기호**]의 목록 단추(⌄)를 클릭하고 [**글머리 기호 및 번호 매기기**]를 선택하세요.

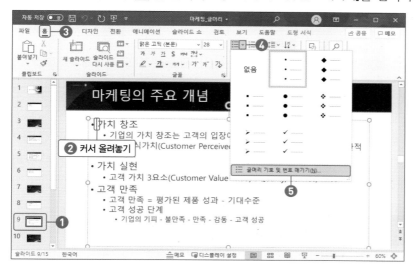

▶ 영상강의 ◀

2 [글머리 기호 및 번호 매기기] 대화상자의 [글머리 기호] 탭이 열리면 [사용자 지정]을 클릭하세요. [기호] 대화상자가 열리면 '글꼴'에서는 [(현재 글꼴)]을, '하위 집합'에서는 [도형 기호]를 선택하고 기호 목록에서 [▶]을 선택한 후 [확인]을 클릭하세요.

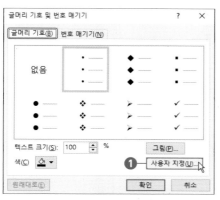

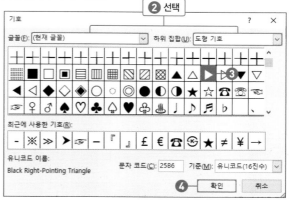

TIP

[기호] 대화상자에서 '글꼴'을 [Wingdings], [Wingdings2], [Webdings]로 지정하면 좀 더 다양한 그림 문자를 글머리 기호로 사용할 수 있어요.

47

3 [글머리 기호 및 번호 매기기] 대화상자의 [글머리 기호] 탭으로 되돌아오면 '텍스트 크기'는 [70%]로, '색'은 '테마 색'에서 [파랑, 강조 1]로 지정하고 [확인]을 클릭하세요.

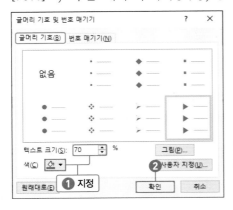

TIP

[사용자 지정] 대신 [그림]을 선택하면 그림을 글머리 기호로 설정할 수 있어요.

4 '가치 실현' 텍스트의 앞을 클릭하여 커서를 올려놓고 F4 를 누르면 2 과정에서 지정한 글머리 기호와 같은 모양의 글머리 기호가 삽입됩니다. 이와 같은 방법으로 '고객 만족' 텍스트 앞의 글머리 기호도 변경하세요.

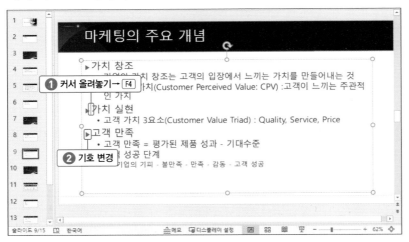

TIP

F4 는 마지막 작업을 한 번 더 반복하는 기능으로, 글머리 기호 변경처럼 복잡한 기능을 반복해서 작업할 때 사용하면 편리해요.

잠깐만요 > 단락의 목록 수준을 조절하는 간단한 방법 알아보기

목록 텍스트를 입력하기 전		목록 텍스트를 입력한 후	
문장의 맨 앞에 커서를 올려놓고 Tab 을 눌러 조절해야 편리합니다.		[홈] 탭-[단락] 그룹의 명령 단추를 이용하여 목록 수준을 조절해야 편리합니다.	
목록 수준 늘림	Tab	목록 수준 늘림	▤
목록 수준 줄임	Shift + Tab	목록 수준 줄임	▤

Power Point 05 번호 목록에서 시작 번호 변경하기

● **예제파일**: 마케팅_번호.pptx　● **완성파일**: 마케팅_번호_완성.pptx

1 12번 슬라이드에서 내용 개체 틀을 선택합니다. [홈] 탭-[단락] 그룹에서 [번호 매기기]의 목록 단추(▾)를 클릭하고 원숫자를 선택하세요.

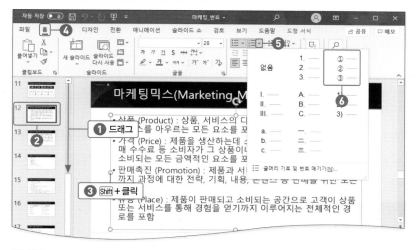

> **TIP**
>
> 전체가 아니라 특정 부분만 번호 목록으로 설정하려면 원하는 부분을 범위로 지정한 후 작업하세요. 번호를 없애려면 [홈] 탭-[단락] 그룹에서 [번호 매기기]를 클릭하거나 목록 단추(▾)를 클릭한 후 [없음]을 선택합니다.

2 13번 슬라이드에는 이미 번호가 매겨져 있는데, 앞 페이지에서 번호가 이어지도록 변경해 볼 게요. 내용 개체 틀을 선택하고 [홈] 탭-[단락] 그룹에서 [번호 매기기]의 목록 단추(▾)를 클릭한 후 [글머리 기호 및 번호 매기기]를 선택하세요.

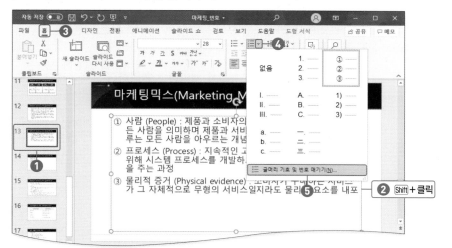

3 [글머리 기호 및 번호 매기기] 대화상자가 열리면 [번호 매기기] 탭에서 '시작 번호'에 『5』를 입력하고 [확인]을 클릭하세요.

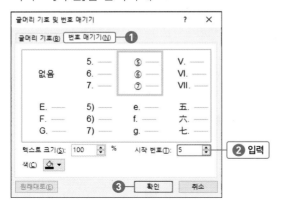

4 시작 번호가 ⑤로 변경되었는지 확인하고 ⑥ 목록의 마지막 위치를 클릭하여 커서를 올려놓은 후 Enter를 누르세요. 새로 줄이 추가되면 『파트너쉽 (Partnership)』을 입력하세요. 그러면 번호가 ⑦이 되면서 다음 줄은 ⑧로 자동 변경됩니다.

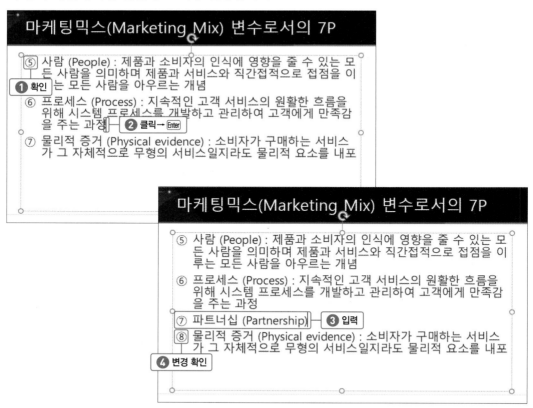

Power Point 06 텍스트 사이의 줄 간격 조절하기

◉ **예제파일**: 향수_줄간격.pptx   ◉ **완성파일**: 향수_줄간격_완성.pptx

1 2번 슬라이드에서 내용 개체 틀을 선택하고 [홈] 탭-[단락] 그룹에서 [줄 간격]을 클릭한 후 [1.5]를 선택하세요.

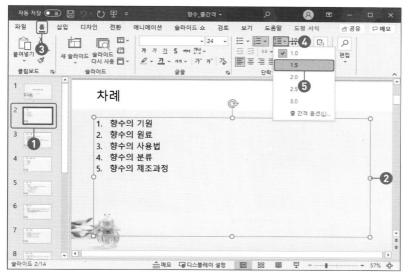

> **TIP**
>
> 줄마다 간격을 다르게 설정하려면 원하는 범위를 지정한 후 작업하세요.

2 목차에서 내용별 간격이 1.5줄로 조정되면서 넓어졌는지 확인하세요.

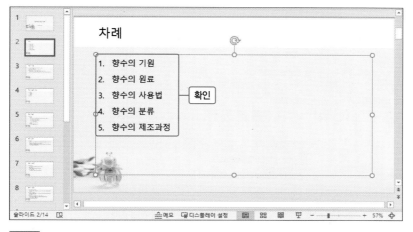

> **TIP**
>
> 목차 슬라이드는 내용이 많지 않으므로 줄 간격을 넓게 설정하는 경우가 많습니다.

51

3 11번 슬라이드에서 내용 개체 틀을 선택하고 **[홈] 탭-[단락] 그룹**에서 **[줄 간격]**을 클릭한 후 **[줄 간격 옵션]**을 선택합니다. [단락] 대화상자의 [들여쓰기 및 간격] 탭이 열리면 '간격'에서 '단락 앞'은 [12pt], '단락 뒤'는 [0pt], '줄 간격'은 [배수], '값'은 [0.9]로 지정하고 [확인]을 클릭하세요.

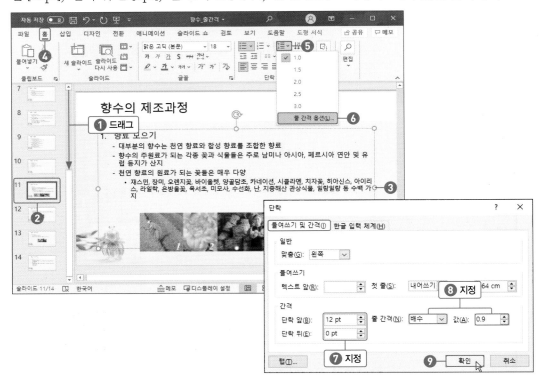

4 줄 사이 간격은 조금 좁게 설정하고 단락 앞에 여백을 지정하여 단락끼리 구분했습니다. 이렇게 지정하면 같은 단락의 내용은 모아 읽을 수 있어서 가독성이 더욱 좋아집니다.

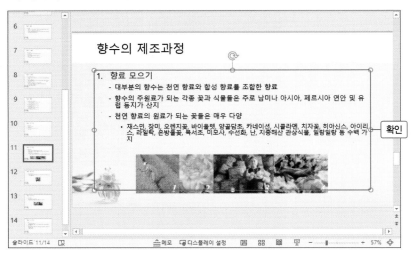

Power Point **06** 스마트아트 그래픽을 도형으로 변경하기

● **예제파일**: 인재상_도형으로.pptx   ● **완성파일**: 인재상_도형으로_완성.pptx

1 스마트아트 그래픽을 선택하고 **[SmartArt 디자인]** 탭−**[원래대로]** 그룹에서 **[변환]**을 클릭한 후 **[도형으로 변환]**을 클릭하세요.

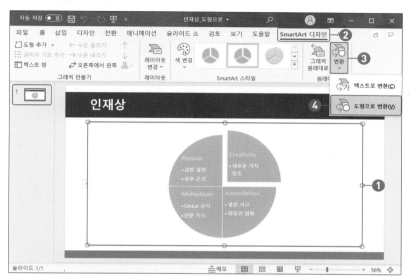

▶영상강의◀

TIP

스마트아트 그래픽을 도형으로 변환한 후에는 다시 스마트아트 그래픽으로 되돌리는 기능은 없습니다.

2 스마트아트 그래픽이 도형으로 변환되면 리본 메뉴에는 [도형 서식] 탭이 표시됩니다. 이제 각 요소들은 도형처럼 이동하고 서식을 변경할 수 있으므로 떨어진 파이 조각만 선택하여 가운데로 이동하세요.

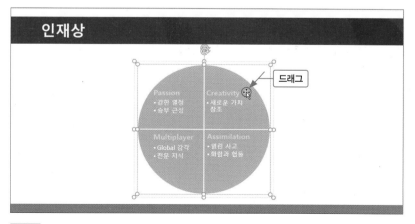

TIP

먼저 스마트아트 그래픽을 만든 후 도형으로 변환하면 비슷한 모양을 도형으로만 그릴 때보다 훨씬 시간을 절약할 수 있어요. 스마트아트 그래픽에 어떤 모양이 있는지 미리 파악해두면 작업 시간을 크게 단축시킬 수 있습니다.

07 스마트아트 그래픽을 이용하여
조직도 만들기

● **예제파일**: 조직도.pptx　● **완성파일**: 조직도_완성.pptx

1 스마트아트 그래픽에서 '경영본부'를 선택하고 [SmartArt 디자인] 탭-[그래픽 만들기] 그룹-[도형 추
가]의 목록 단추(⌄)를 클릭한 다음 [아래에 도형 추가]를 선택하세요.

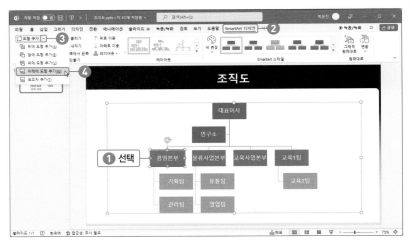

2 추가한 도형에 『홍보팀』을 입력하고 [SmartArt 디자인] 탭-[그래픽 만들기] 그룹의 [위로 이동]을 선
택하여 순서를 이동하세요.

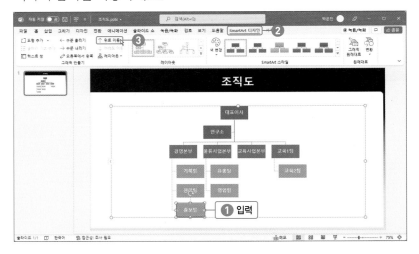

3 이번에는 '교육1팀'을 선택하고 [SmartArt 디자인] 탭–[그래픽 만들기] 그룹의 [수준 내리기]를 선택하여 '교육사업본부' 아래로 수준을 내립니다.

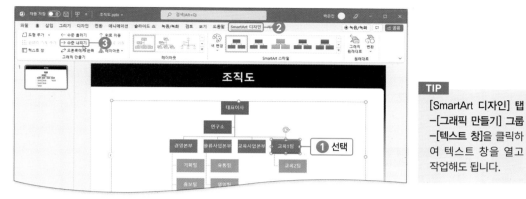

TIP

[SmartArt 디자인] 탭
–[그래픽 만들기] 그룹
–[텍스트 창]을 클릭하
여 텍스트 창을 열고
작업해도 됩니다.

4 Shift를 누르고 '경영본부', '물류사업본부', '교육사업본부'를 하나씩 클릭하여 함께 선택한 다음 [SmartArt 디자인] 탭–[그래픽 만들기] 그룹의 [레이아웃]–[표준]을 선택합니다.

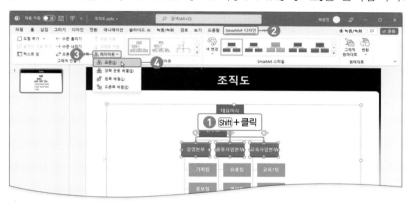

5 세로로 길게 나열된 하위 조직이 수평 레이아웃으로 변경되었습니다.

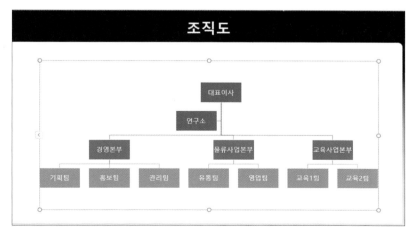

◉ **예제파일**: 마케팅_실무노트.pptx   ◉ **완성파일**: 마케팅_실무노트_완성.pptx   ▶ 영상강의 ◀

글머리 기호와 텍스트 간격 조정하기

문단 단락에 글머리 기호가 있는 여러 수준의 텍스트가 있을 때 글머리 기호와 첫 번째 텍스트 사이의 간격을 조절하려면 '눈금자'를 사용하세요.

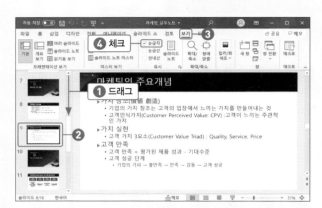

1 9번 슬라이드를 선택하고 [보기] 탭-[표시] 그룹에서 [눈금자]에 체크하세요.

TIP

슬라이드에서 마우스 오른쪽 단추를 클릭하고 [눈금자]를 선택해도 됩니다.

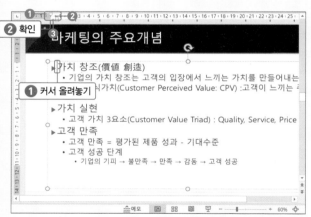

2 화면에 눈금자가 표시되면 간격을 조절하고 싶은 단락에 커서를 올려놓으세요. 그러면 눈금자에 간격이 표시됩니다.

❶ ▽: 글머리 기호가 시작되는 위치

❷ △: 첫 번째 텍스트가 시작되는 위치

❸ ▢: 단락의 왼쪽 여백

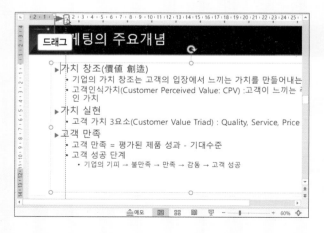

3 첫 번째 글자가 시작되는 위치의 표식(△)을 오른쪽으로 드래그하여 글머리 기호와 텍스트 사이의 간격을 넓혀보세요. 이때 [Ctrl]을 누른 상태에서 표식을 드래그하면 좀 더 세밀하게 표식을 이동할 수 있어요.

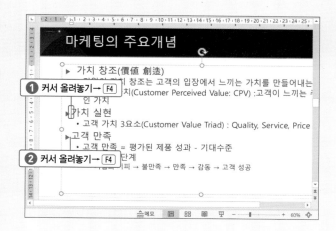

4 동일한 수준의 단락은 같은 간격으로 지정해야 합니다. 방금 전의 작업을 반복하기 위해 두 번째 단락에서 '가치 실현'의 첫 번째 글자에 커서를 올려놓고 F4를 누르세요. 이와 같은 방법으로 세 번째 단락의 '고객 만족'도 간격을 조정하세요.

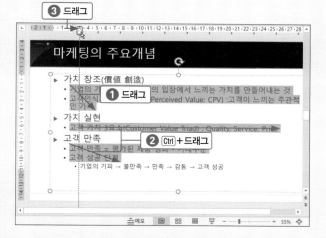

5 Ctrl을 누른 상태에서 해당 단락들을 차례대로 드래그하여 모두 선택하고 눈금자의 ▢ 표식을 오른쪽으로 드래그하여 이동하세요.

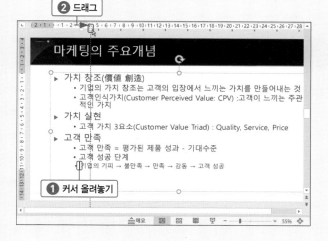

6 수준이 같은 단락의 간격을 동시에 조정했으면 맨 아랫줄의 단락 간격도 조절하세요.

CHAPTER 02

도형과 그래픽 개체로
비주얼 프레젠테이션 만들기

프레젠테이션의 슬라이드를 디자인할 때 텍스트보다 그림이나 도해를 사용하는 것이 메시지를 전달하는 데 훨씬 더 유리합니다. 청중에게 슬라이드의 텍스트를 읽게 하는 것보다 그림, 표, 차트 등의 다양한 시각적 그래픽 개체를 활용하여 메시지의 근거를 뒷받침할 자료를 제시하는 것이 더욱 설득력 있기 때문이죠. 이번 장에서는 파워포인트에서 제공하는 여러 가지 도형과 그래픽 개체를 이용해 초보자도 시각적 자료를 멋지게 만들 수 있는 디자인 노하우를 배워봅니다.

PowerPoint

01 도형 그리고 균형있게 배치하기

파워포인트는 중요한 키워드를 도형에 담아 표현하거나 도해로 내용을 쉽게 풀어 설명하는 경우가 많으므로 도형의 사용 빈도가 특히 높습니다. 도형을 보기 좋게 꾸미는 것보다 일정한 크기와 간격으로 균형 있게 배치하는 것이 중요합니다. 도형을 능숙하게 잘 다루는 방법을 익히는 것이 파워포인트를 잘 다루는 지름길이라는 점을 기억하세요.

PREVIEW

▲ 도형에 다양한 서식 설정하고
균형 있게 정렬하기

▲ 도형의 모양 변경하고 복제하기

도형 삽입하고 모양 조절 핸들로 도형 모양 바꾸기

Power Point 01

◉ **예제파일**: 도형_그리기.pptx   ◉ **완성파일**: 도형_그리기_완성.pptx

1 [홈] 탭-[그리기] 그룹에서 [도형]을 클릭하고 '사각형'의 [직사각형]을 클릭하세요.

TIP

[삽입] 탭-[일러스트레이션] 그룹-[도형]을 이용해도 됩니다. 컴퓨터 해상도에 따라 리본 메뉴에 ▨ 대신 ▨▨▨와 같이 나타날 수 있어요. 이 경우에는 [자세히](▽) 단추를 클릭하여 도형 목록을 표시하세요.

2 마우스 포인터가 ⊞ 모양으로 변경되면 왼쪽 빈 공간을 향해 대각선 방향으로 드래그하여 직사각형 도형을 그리세요.

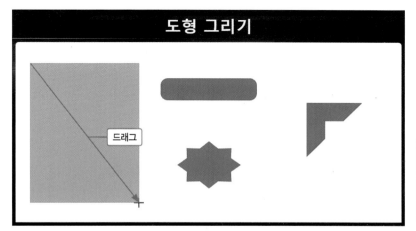

TIP

삽입할 도형 모양을 선택한 후 대각선 방향으로 드래그하면 도형을 삽입할 수 있어요.

3 [모서리가 둥근 직사각형] 도형을 선택하고 모양 조절 핸들(●)을 오른쪽으로 드래그하여 꼭지
점을 둥글게 변형시켜 주세요.

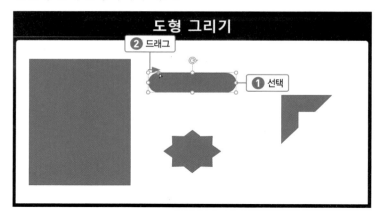

TIP

모서리가 둥근 직사각형 도형
의 모양 조절 핸들을 왼쪽으로
드래그하면 꼭지점이 뾰족한
사각형 모양으로 바뀝니다.

4 [별:꼭짓점 8개] 도형을 선택하고 모양 조절 핸들(●)을 원점 방향으로 드래그하여 꼭지점의 모
양을 뾰족하게 만들어 주세요.

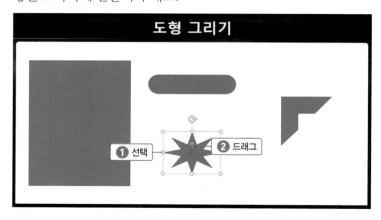

5 가장 오른쪽에 있는 [1/2 액자] 도형을 선택하고 2개의 모양 조절 핸들(●)을 좌우, 또는 상하로
드래그하여 얇은 액자 테두리 모양이 되도록 변형하세요.

TIP

도형에 따라 모양 조절 핸들이
없는 경우도 있고 2개 이상인
경우도 있어요. 모양 조절 핸들
을 좌우 또는 상하로 드래그하
면 다양한 모양으로 변형할 수
있어요.

Power Point 02 연결선으로 도형 연결하기

● **예제파일**: 도형_연결선.pptx   ● **완성파일**: 도형_연결선_완성.pptx

1 [홈] 탭-[그리기] 그룹에서 [도형]을 클릭하고 '선'의 [선 화살표]를 클릭하세요.

2 두 번째 도형에 마우스 포인터를 가져가면 도형 테두리에 4개의 연결점(●)이 나타납니다. 두 번째 도형의 오른쪽 연결점을 마우스로 클릭한 상태에서 세 번째 도형의 왼쪽 연결점까지 드래 그하여 연결하세요.

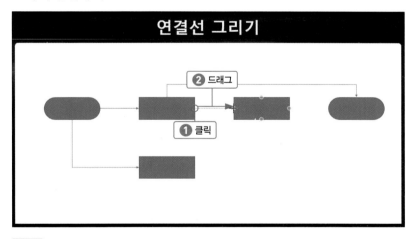

TIP

임의의 위치로 자유롭게 선을 그리려면 Alt 를 누른 상태로 드래그하세요.

3 [홈] 탭–[그리기] 그룹에서 [도형]을 클릭하고 '선'의 [연결선:꺾인 화살표]를 클릭하세요.

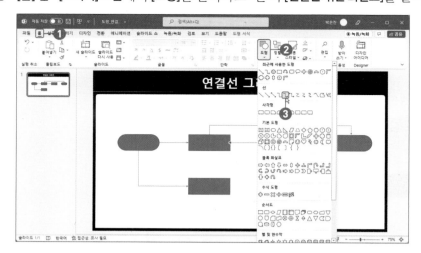

4 선 화살표와 마찬가지로 연결할 2개의 점을 드래그해 봅시다. 두 번째 줄 사각형 도형의 오른쪽 연결점에서부터 첫 번째 줄 마지막의 '사각형 : 둥근 모서리' 도형의 아래쪽 연결점까지 드래그 하여 두 도형을 꺾인 화살표 선으로 연결하세요.

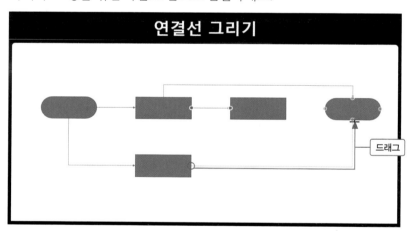

TIP

연결선을 그릴 때는 첫 연결점을 클릭한 후 마우스에서 손을 떼지 않고 2개의 연결점을 선으로 연결하듯이 드래그해야 합니다. 직선 화살표를 그리는 방법과 동일합니다.

5 이번에는 기존에 연결된 꺾인 연결선의 모양을 변경해볼게요. 연결선을 선택하고 마우스 오른쪽 단추를 클릭한 다음 [연결선 종류]-[구부러진 연결선]을 선택하세요.

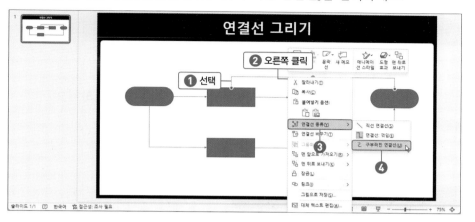

6 연결선의 모양이 변경되었으면 모양 조절 핸들(●)을 위쪽으로 드래그해서 조금 더 둥근 곡선이 되도록 모양을 변경합니다.

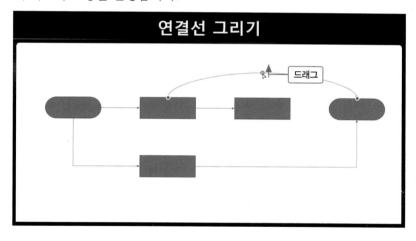

03 [Shift] 이용해 정원 그리고 수평으로 복사하기

● **예제파일**: 헬스케어_도형.pptx   ● **완성파일**: 헬스케어_도형_완성.pptx

1 [홈] 탭-[그리기] 그룹에서 [도형]을 클릭하고 '기본 도형'에서 [타원](◯)을 클릭하세요.

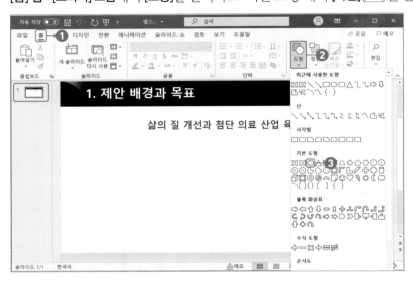

2 마우스 포인터가 + 모양으로 변경되면 [Shift]를 누른 상태에서 대각선 방향으로 드래그하여 정원을 그리세요.

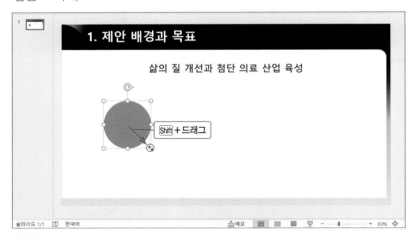

> **TIP**
>
> [Shift]를 누르고 도형을 그리면 정원, 정사각형, 수평/수직선과 같은 정형 도형을 쉽게 그릴 수 있습니다. 가로로 네 개의 원을 만들 것이므로 원이 너무 크지 않게 그리세요.

3 Ctrl+Shift를 누른 상태에서 정원을 오른쪽으로 드래그하여 수평으로 복사하세요. Ctrl+Shift를 누른 상태에서 오른쪽으로 한 번 더 드래그하면 개체가 균등한 간격으로 배치되었다는 것을 알려주는 화살표 모양의 스마트 가이드(⟵⟶)가 나타납니다. 이 상태에서 마우스 단추에서 손을 떼어 복사할 위치를 결정하세요.

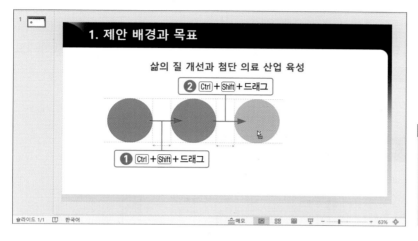

TIP
- 복사: Ctrl+드래그
- 수직/수평 이동: Shift+드래그
- 수직/수평 복사: Ctrl+Shift+드래그

4 이와 같은 방법으로 네 개의 원을 균등한 간격으로 복사하여 배치하세요.

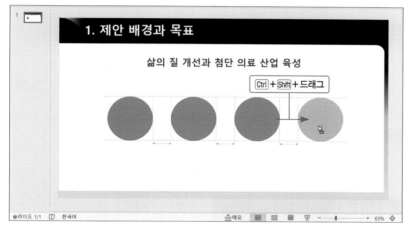

TIP

스마트 가이드(⟵⟶)
두 개 이상의 개체가 있는 슬라이드에서 하나의 개체를 선택하여 움직일 때 다른 개체의 테두리나 중심선 또는 균등한 간격의 위치를 점선이나 점선 화살표 모양으로 알려줍니다. 스마트 가이드가 나타나지 않으면 슬라이드의 빈 공간에서 마우스 오른쪽 단추를 클릭하고 [눈금 및 안내선]을 선택하세요. [눈금 및 안내선] 대화상자가 열리면 '안내선 설정'에서 [도형 맞춤 시 스마트 가이드 표시]에 체크하고 [확인]을 클릭합니다.

04 도형 그룹화하고 균형 있게 배치하기

● **예제파일**: 헬스케어_정렬.pptx ● **완성파일**: 헬스케어_정렬_완성.pptx

1 줄이 맞지 않는 개체들을 균형 있게 배치해 볼게요. 네 개의 원형 도형이 모두 포함되도록 드래그하여 선택하고 **[홈] 탭-[그리기] 그룹**에서 **[정렬]**을 클릭한 후 **[맞춤]-[위쪽 맞춤]**을 선택하세요.

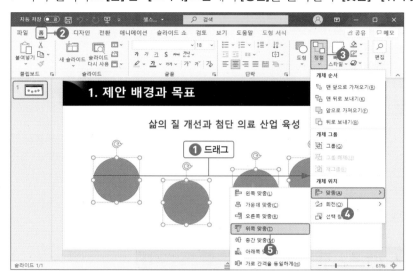

TIP

Shift 를 누른 상태에서 도형을 하나씩 선택해도 여러 개의 도형을 모두 선택할 수 있습니다.

2 네 개의 원형 도형을 모두 선택한 상태에서 **[홈] 탭-[그리기] 그룹**의 **[정렬]**을 클릭하고 **[맞춤]-[가로 간격을 동일하게]**를 선택하여 간격을 똑같이 정렬하세요.

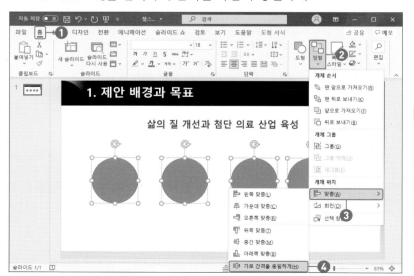

TIP

'가로 간격을 동일하게'는 가장 왼쪽과 오른쪽 개체는 움직이지 않고 그 사이에 있는 개체들을 이동해 일정한 간격으로 줄 맞춤하는 기능으로, 개체를 세 개 이상 선택했을 때 활성화됩니다.

3 [홈] 탭-[그리기] 그룹에서 [정렬]을 클릭하고 [그룹]을 선택해서 하나의 그룹으로 묶으세요.

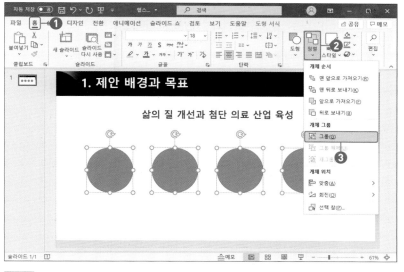

TIP

• 개체 그룹: Ctrl+G   • 개체 그룹 해제: Ctrl+Shift+G

4 하나로 그룹화된 개체를 선택한 상태에서 [홈] 탭-[그리기] 그룹의 [정렬]을 클릭하고 '개체 위치'
에서 [맞춤]-[가운데 맞춤]을 선택하세요.

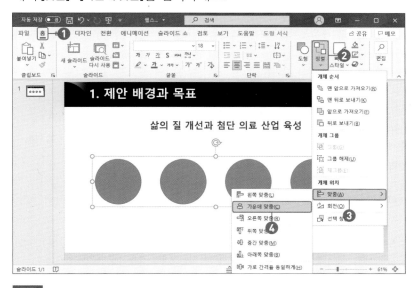

TIP

여러 개의 개체를 하나로 그룹화하지 않고 [홈] 탭-[그리기] 그룹에서 [정렬]을 클릭한 후 [맞춤]-[가운데 맞춤]을 선택
하면 네 개의 원형이 모두 가운데로 모아지면서 겹쳐집니다.

5 개체 그룹이 슬라이드의 가운데에 균형 있게 정렬되었는지 확인하세요.

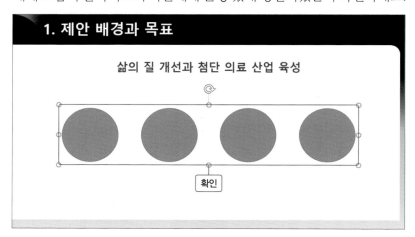

잠깐만요 > 도형을 쉽게 그리는 방법 익히기

도형을 그릴 때 조합키(Shift, Ctrl, Alt)를 이용하면 쉽게 그릴 수 있습니다. 그리고 모양이 같은 여러 개의 도형을 그릴 때도 일일이 하나하나 그릴 필요 없이 같은 도형을 계속 그릴 수 있는 방법이 있으므로 잘 익혀두세요.

1. 조합키 이용해 도형 그리기

Shift, Ctrl, Alt를 이용하면 도형을 더욱 편리하고 정확하게 그릴 수 있으니 잘 활용해 보세요.

조합키	그리기	크기 조정하기	선택 후 드래그
Shift	정형으로 그리기 정원, 정사각형, 수평선, 수직선	가로와 세로 비율을 유지하면서 크기 조정	수평 이동, 수직 이동
Ctrl	점 대칭으로 그리기	점 대칭으로 크기 조정	복사
Alt	세밀하게 그리기	세밀하게 크기 조정	세밀하게 이동

2. 같은 도형 연속 그리기

같은 모양의 도형을 두 개 이상 계속 그려야 할 때 매번 도형을 선택하지 않고 도형에서 마우스 오른쪽 단추를 클릭한 후 [그리기 잠금 모드]를 선택하세요. 도형에 '그리기 잠금 모드'를 설정하면 Esc를 누를 때까지 같은 도형을 계속 그릴 수 있어요.

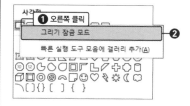

Power Point 05

도형의 모양과 순서 변경하기

● **예제파일**: 추진전략_모양변경.pptx ● **완성파일**: 추진전략_모양변경_완성.pptx

1 Shift를 이용해 두 개의 흰색 사각형을 함께 선택합니다. [도형 서식] 탭-[도형 삽입] 그룹에서 [도형 편집]-[도형 모양 변경]을 선택하고 '사각형'에서 [사각형: 둥근 모서리](□)를 클릭하세요.

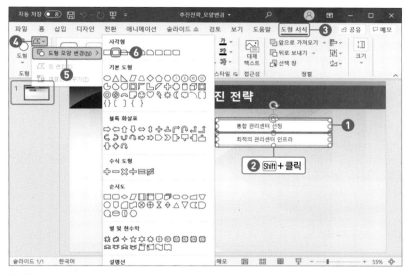

TIP

'도형 모양 변경'은 기존 도형에 입력된 텍스트와 서식을 그대로 유지하면서 도형의 모양만 변경하는 기능으로, 원하는 도형 모양으로 쉽게 변경하고 싶을 때 자주 사용합니다.

2 모서리가 둥근 사각형으로 도형의 모양이 변경되었으면 도형을 하나씩 선택한 후 모양 조정 핸들(●)을 오른쪽으로 드래그하여 모양을 최대한 둥글게 변경하세요.

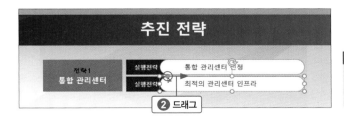

TIP

모양 조정 핸들(●)을 반대쪽으로 드래그 하면 사각형처럼 뾰족해집니다.

3 Shift를 이용해 두 개의 흰색 둥근 모서리 도형을 선택합니다. **[도형 서식] 탭–[정렬] 그룹**에서 **[뒤로 보내기]**의 목록 단추(⌄)를 클릭한 후 **[맨 뒤로 보내기]**를 선택하세요.

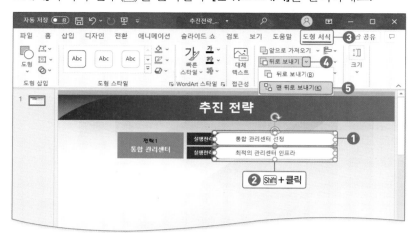

TIP

[홈] 탭–[그리기] 그룹에서 [정렬]을 클릭하고 '개체 순서'에서 [맨 뒤로 보내기]를 선택하거나 마우스 오른쪽 단추를 클릭한 후 [맨 뒤로 보내기]를 선택해도 됩니다.

4 두 개의 흰색 '사각형: 둥근 모서리' 도형이 맨 뒤로 이동되었는지 확인하세요.

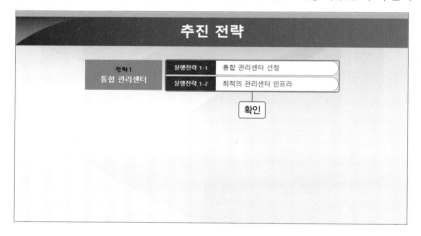

잠깐만요 > 도형을 선택했을 때 나타나는 핸들 살펴보기

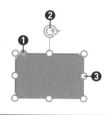

❶ **모양 조정 핸들**: 도형의 모양을 변경할 수 있어요. 도형에 따라 모양 조정 핸들이 없을 수도 있고, 두 개 이상 있기도 합니다. 모양 조정 핸들을 상하 또는 좌우로 드래그하면 같은 도형이라도 모양을 좀 더 다양하게 표현할 수 있어요.

❷ **회전 핸들**: 도형을 시계 방향 또는 반시계 방향으로 회전시킬 수 있어요.

❸ **크기 조정 핸들**: 도형의 크기를 조절할 수 있어요. 꼭지점에서는 가로와 세로를 함께 조절할 수 있고 나머지 점에서는 한 방향만 조절할 수 있어요.

Power Point

06 복제 기능으로 반복된 도형 복사하기

● **예제파일**: 추진전략_복제.pptx　● **완성파일**: 추진전략_복제_완성.pptx

1 일정한 간격으로 같은 모양이 여러 번 반복될 때는 복제 기능을 사용하면 편리합니다. 도형 그룹을 선택하고 Ctrl+D를 눌러 복제하세요.

① 클릭 → Ctrl+D

② 복제 확인

▶ 영상강의 ◀

TIP
반복될 단위를 그룹화 (Ctrl+G)한 후 작업 해야 편리해요.

2 복제한 도형을 마우스로 선택하고 원본의 아래쪽으로 드래그하세요. 이때 양쪽 끝과 가운데 부분에 빨간색 점선 모양의 스마트 그리드가 세 개 나타나면 원본에 수직 방향으로 이동된 것입니다.

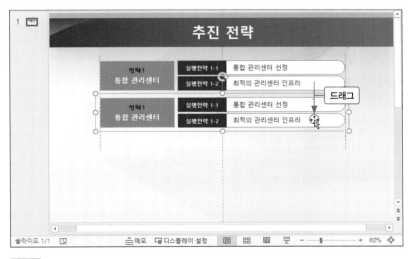

드래그

TIP
원본으로부터 이동된 거리와 각도가 다음 복제할 때도 그대로 반복되기 때문에 처음 복제한 개체의 이동이 가장 중요해요. 개체를 이동할 때 마우스 대신 키보드의 방향키를 이용해도 되지만, 이 경우 스마트 그리드는 나타나지 않아요.

3 Ctrl + D 를 누르면 첫 번째 복제본에서 기억된 각도와 거리만큼 떨어진 위치에 두 번째 복제본이 붙여넣기됩니다. 한 번 더 Ctrl + D 를 눌러 세 번째 복제본까지 붙여넣으세요.

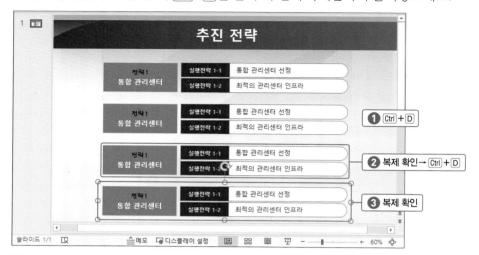

> **TIP**
> 처음 복제본이 약간 비스듬하게 붙여졌으면 계속해서 계단처럼 비스듬하게 복제됩니다. 복제가 끝난 후에 비스듬한 개체들을 모두 선택하고 [홈] 탭-[그리기] 그룹의 [정렬]에서 [맞춤]-[왼쪽 맞춤] 또는 [오른쪽 맞춤]으로 줄을 맞춰주세요. 이때 1 과정처럼 개체들을 그룹화하지 않았다면 처음부터 다시 작업해야 합니다.

4 복제한 개체의 텍스트를 다음과 같이 수정하여 완성하세요.

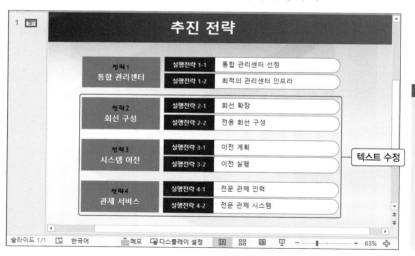

> **TIP**
> 도형에 입력된 텍스트를 수정할 경우 클릭하여 커서부터 올려놓고 Ctrl + A 를 눌러 모든 텍스트를 선택하세요. 이 상태에서 새로운 내용을 입력하면 편리하게 작업할 수 있어요.

잠깐만요 > 복사와 복제 비교하기

- **복사**: 복사(Ctrl + C)를 통해 정보를 클립보드에 저장해 두고 필요할 때마다 붙여넣기(Ctrl + V)할 수 있어요.
- **복제**: 클립보드에 저장하지 않고 Ctrl + D 를 누를 때마다 즉시 복제됩니다. 개체 선택을 취소하면 원본에 대한 정보가 지워지므로 복제 작업이 모두 끝날 때까지 선택을 취소하지 마세요.

PowerPoint 07 도형 병합해 새로운 도형 만들기

◉ **예제파일**: 재난관리_도형병합.pptx   ◉ **완성파일**: 재난관리_도형병합_완성.pptx

1 Shift 를 이용해 '예방'의 회색 도형과 오른쪽의 삼각형 도형을 선택합니다. [도형 서식] 탭-[도형 삽입] 그룹에서 [도형 병합]을 클릭하고 [통합]을 선택하세요.

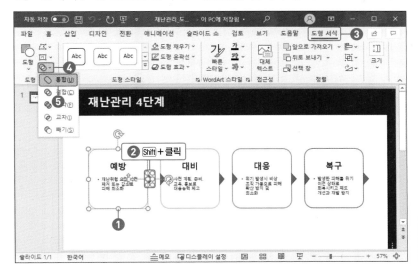

TIP

먼저 선택한 도형이 병합할 기준이 됩니다. 선택 순서에 따라 만들어지는 도형의 모양이 달라지므로 선택 순서를 바꿨을 때의 결과와도 비교해 보세요.

2 Shift 를 이용해 노란색 도형과 오른쪽 삼각형을 선택하고 F4 를 눌러 앞에서 실행한 '통합' 기능을 반복 실행합니다. 이와 같은 방법으로 주황색 도형과 초록색 도형도 통합합니다.

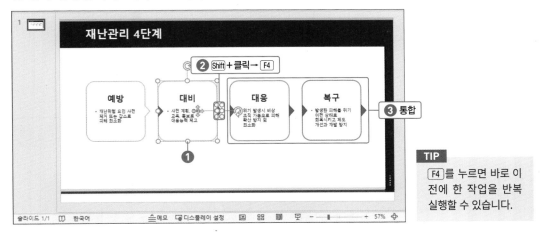

TIP

F4 를 누르면 바로 이전에 한 작업을 반복 실행할 수 있습니다.

3 Shift 를 이용해 노란색 도형과 왼쪽 삼각형을 선택합니다. **[도형 서식] 탭-[도형 삽입] 그룹**에서 **[도형 병합]**을 클릭하고 **[빼기]**를 선택하세요.

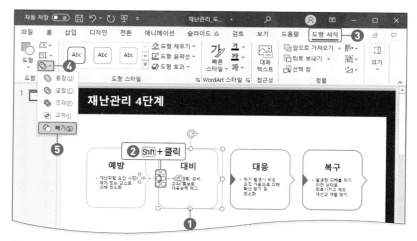

4 Shift 를 이용해 주황색 도형과 왼쪽 삼각형을 선택하고 F4 를 눌러 앞에서 실행한 '빼기' 기능을 반복합니다. 이와 같은 방법으로 초록색 도형에서 삼각형을 빼세요.

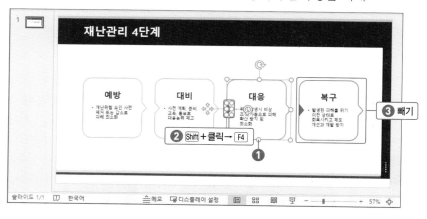

잠깐만요 > 도형 병합의 종류 살펴보기

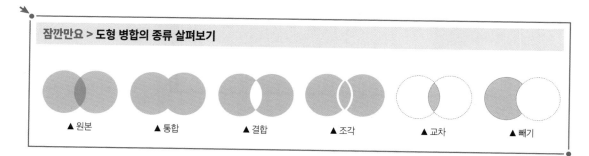

▲ 원본　　▲ 통합　　▲ 결합　　▲ 조각　　▲ 교차　　▲ 빼기

Power Point 08

자유형 도형 그리기

● **예제파일**: 재난관리_자유형.pptx ● **완성파일**: 재난관리_자유형_완성.pptx

1 [홈] 탭-[그리기] 그룹에서 [도형]을 선택하고 '선'의 [자유형:도형]을 클릭하세요.

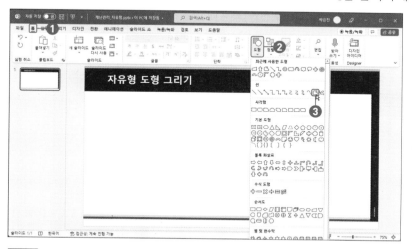

TIP

자유형 도형을 그리는 2가지 방법
- 드래그: 연필로 자유롭게 도형을 그립니다.
- 클릭 반복: 클릭한 위치를 꼭지점으로 직선 그려서 도형을 완성합니다.

2 처음 시작 위치를 클릭한 후 마우스를 움직여 클릭하기를 반복하세요. 클릭한 위치가 꼭지점이 되어 직선이 그려집니다. 이때 Shift를 누르고 클릭하면 수평선, 수직선, 45도 대각선을 그릴 수 있어요. 꼭지점을 모두 클릭했다면 첫 점과 연결하여 자유형 그리기를 종료합니다.

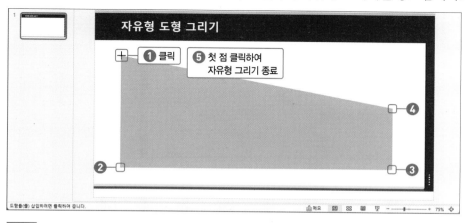

TIP

첫 점과 연결하지 않고 자유형 그리기를 종료하려면 더블클릭하면 됩니다.

89

Power Point **09** 도형 회전하고 대칭으로 도형 크기 조절하기

● **예제파일**: 재난관리_회전.pptx ● **완성파일**: 재난관리_회전_완성.pptx

1 4개의 회전하는 화살표 흐름을 만들기 위해 '재난관리' 문구 아래에 있는 오른쪽 화살표 도형을 선택하고 [홈] 탭-[그리기] 그룹에서 [정렬]-[회전]-[좌우 대칭]을 클릭하세요.

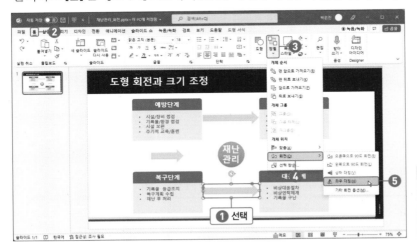

TIP

[홈] 탭 대신 [도형 서식] 탭-[정렬] 그룹의 [회전]을 이용해도 됩니다.

2 '재난관리' 문구 좌측에 있는 오른쪽 화살표 도형를 선택하고 [홈] 탭-[그리기] 그룹에서 [정렬]-[회전]-[왼쪽으로 90도 회전]을 클릭하세요. 같은 방법으로 '재난관리' 문구 우측에 있는 오른쪽 화살표 도형은 [오른쪽으로 90도 회전]을 클릭하세요.

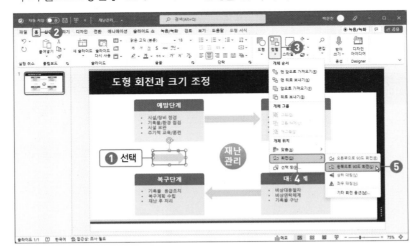

3 이번에는 가운데 원의 위치와 중심을 유지하면서 크기만 조금 더 크게 조정해 볼게요. 가운데 원을 선택하고 오른쪽 아래 꼭지점의 크기 조정 핸들에 마우스 포인터를 위치시킨 후 Ctrl와 Shift를 함께 누른 상태에서 대각선 방향으로 드래그하세요.

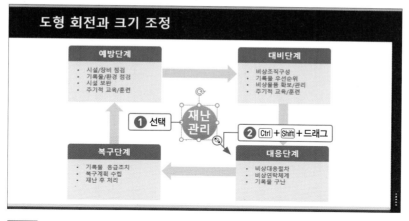

> **TIP**
> • 대칭 방향으로 크기 조절: Ctrl+드래그
> • 원의 가로와 세로 비율 유지(정원 유지)하며 크기 조절: Shift+드래그

4 원의 위치를 유지하면서 크기만 크게 변경되었습니다.

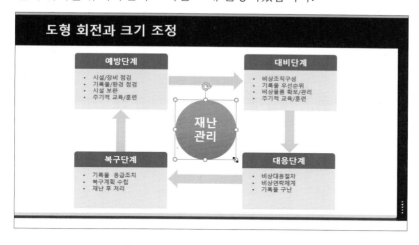

02 도형에 서식 지정해 보기 좋게 꾸미기

색, 질감, 그림 또는 그라데이션 등으로 도형의 채우기를 변경하거나 그림자, 네온, 반사, 부드러운 가장자리, 입체효과, 3차원 회전 등의 효과를 추가하여 도형의 모양을 다양하게 변경할 수 있습니다. 도형은 도형 자체의 화려한 효과보다 배경과 테마에 잘 어울리면서도 전달하려는 내용을 잘 표현하는데 도움이 되는 방향으로 꾸미는 것이 중요합니다.

PREVIEW

▼

▲ 도형에 질감과 그림 채우기

▲ 도형에 그림자와 입체 효과 지정하기

Power Point 01 도형에 테마 색 지정하고 윤곽선 없애기

● **예제파일**: 의료서비스_테마색.pptx ● **완성파일**: 의료서비스_테마색_완성.pptx

1 Shift를 누르고 3개의 원 도형과 삼각형 도형을 하나씩 클릭하여 함께 선택한 다음 [홈] 탭-[그리기] 그룹에서 [도형 윤곽선]-[윤곽선 없음]을 클릭하세요.

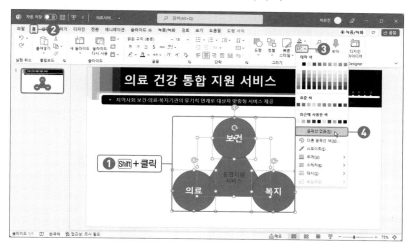

2 삼각형 도형만 선택하고 [홈] 탭-[그리기] 그룹에서 [도형 채우기]의 [테마 색]-[흰색, 배경 1, 15% 더 어둡게] 색을 클릭하여 지정하세요.

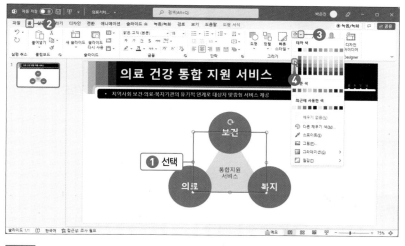

TIP

흰색, 검은색, 회색 등의 무채색은 슬라이드 분위기에 맞게, 필요에 따라 활용할 수 있어요.

3 가운데 원을 선택하고 [홈] 탭-[그리기] 그룹에서 [도형 채우기]의 [테마 색]-[파랑, 강조 1, 25% 더 어둡게] 색을 클릭하여 지정하세요.

4 왼쪽 원을 선택하고 [홈] 탭-[그리기] 그룹에서 [도형 채우기]의 [테마 색]-[주황, 강조 2, 25% 더 어둡게] 색을 클릭하여 지정하세요.

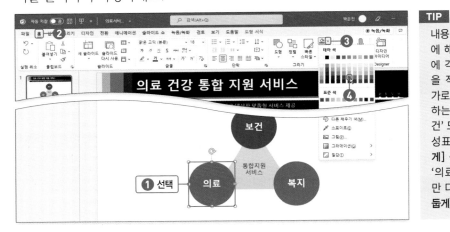

TIP

내용 의미상 같은 수준에 해당하는 3개의 원에 각각 다른 테마 색을 적용할 때는 같은 가로 선상의 색을 적용하는 것이 좋아요. '보건' 도형에 테마 색 구성표의 [25% 더 어둡게] 색을 지정했으면 '의료' 도형에도 색상만 다르게 [25% 더 어둡게] 색을 지정하세요.

5 오른쪽 원을 선택하고 [홈] 탭-[그리기] 그룹에서 [도형 채우기]의 [테마 색]-[녹색, 강조 6, 25% 더 어둡게] 색을 클릭하여 지정하세요.

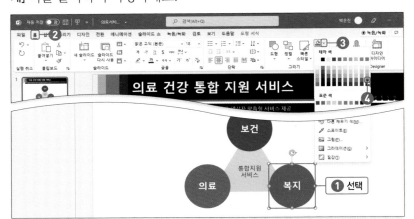

TIP

'보건', '의료'와 같은 수준인 '복지' 도형에도 색상만 다르게 [25% 더 어둡게] 색을 지정하세요.

Power Point 02 도형에 다른 채우기 색 지정하기

● **예제파일**: 의료서비스_다른채우기색.pptx ● **완성파일**: 의료서비스_다른채우기색_완성.pptx

1 Shift를 누르고 3개의 원을 함께 선택한 다음 [홈] 탭-[그리기] 그룹에서 [도형 채우기]의 [다른 채우기 색]을 클릭하세요.

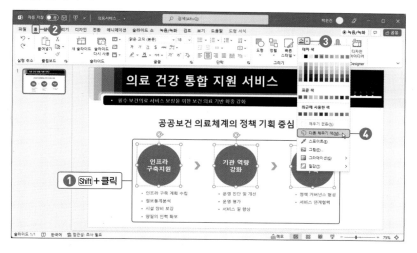

2 [색] 대화상자가 열리면 [사용자 지정] 탭-[색 모델]을 [RGB]로 선택하고 빨강에 『176』, 녹색에 『195』, 파랑에 『175』를 각각 입력한 다음 [확인]을 클릭하세요. 선택한 3개의 원에 RGB(176, 195, 175) 색이 적용되었는지 확인하세요.

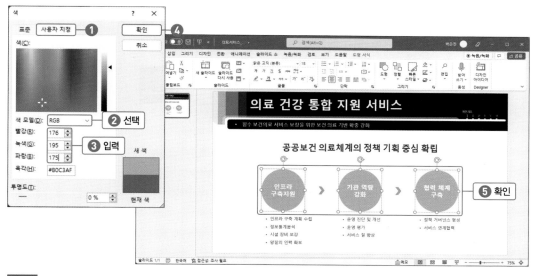

> **TIP**
>
> RGB 색 모델은 Red, Green, Blue를 각각 0~255까지 표현할 수 있어요. RGB(176, 195, 175)으로 나타냅니다.

03 도형에 그라데이션 색 채우기

● **예제파일**: 의료서비스_그라데이션.pptx　● **완성파일**: 의료서비스_그라데이션_완성.pptx

1 삼각형 도형을 선택하고 [홈] 탭-[그리기] 그룹에서 [도형 채우기]-[테마 색]-[흰색, 배경1] 색을 클릭하세요.

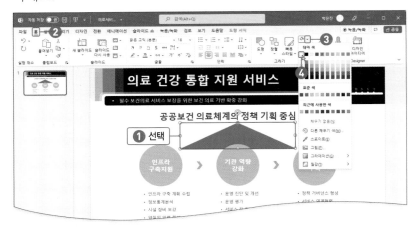

> **TIP**
>
> 도형의 채우기 색에 따라 그라데이션을 선택했을 때 나타나는 색 구성표가 달라지므로, 우선 비슷한 색으로 채우기 색을 변경한 후 그라데이션을 선택하는 것이 좋아요.

2 [홈] 탭-[그리기] 그룹의 [도형 채우기]-[그라데이션]에서 '변형'의 [선형 아래쪽]을 선택하세요.

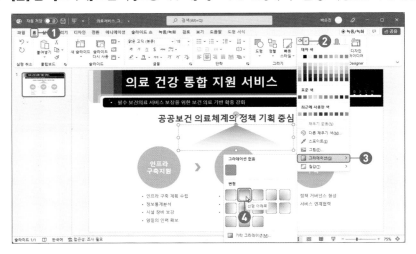

> **TIP**
>
> 그라데이션 색을 조금 더 자세히 설정하려면 [홈] 탭-[그리기] 그룹에서 [도형 채우기]-[그라데이션]-[기타 그라데이션]을 클릭하세요.

Power Point 04 도형에 질감과 그림 채우기

◉ **예제파일**: 의료서비스_질감.pptx ◉ **완성파일**: 의료서비스_질감_완성.pptx

1 슬라이드 가장 아래쪽에 있는 사각형 도형을 선택하고 [홈] 탭-[그리기] 그룹의 [도형 채우기]-[질감]-[신문 용지]를 클릭하세요.

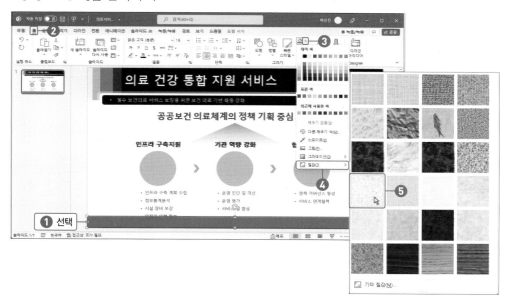

2 첫 번째 원을 선택하고 [홈] 탭-[그리기] 그룹의 [도형 채우기]-[그림]을 클릭합니다.

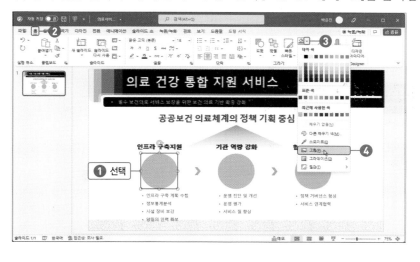

문서작성

텍스트

스마트아트/차트

도형/도해

그림/표/차트

오디오/비디오

애니메이션

슬라이드쇼

템플릿디자인

저장/인쇄

3 [그림 삽입] 대화상자가 열리면 [파일에서]를 클릭하고 부록 실습파일의 '그림1.jpg'을 선택한 다음 [삽입]을 클릭하세요.

TIP

파워포인트 버전에 따라 [그림 삽입] 대화상자의 메뉴와 화면 구성이 조금씩 다를 수 있어요.

4 두 번째 원을 선택하고 [홈] 탭-[그리기] 그룹의 [도형 서식] 아이콘(⬛)을 클릭하면 화면 오른쪽에 [도형 서식] 작업 창이 열립니다. [채우기](⬛) – [그림 또는 질감 채우기]를 선택하고 [삽입]을 클릭하세요.

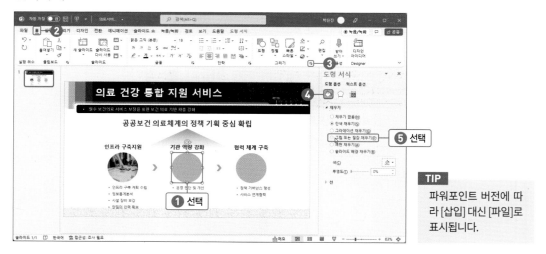

TIP

파워포인트 버전에 따라 [삽입] 대신 [파일]로 표시됩니다.

5 [그림 삽입] 대화상자가 열리면 [파일에서]를 클릭하고 부록 실습파일에서 '그림2.jpg'를 선택한 다음 [삽입]을 클릭하세요.

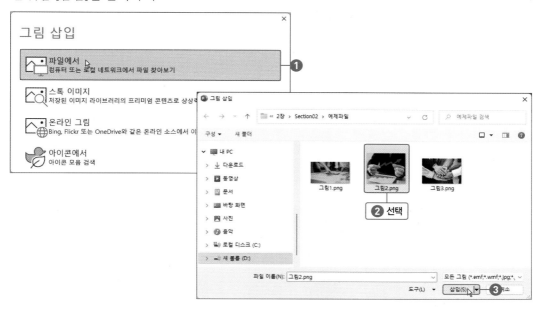

6 같은 방법으로 세 번째 원을 선택하고 [도형 서식] 작업 창의 [채우기](🖌)-[그림 또는 질감 채우기]-[삽입]을 클릭하여 부록 실습파일에서 '그림3.jpg'을 삽입하세요.

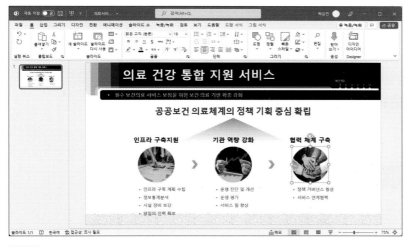

> **TIP**
>
> 도형에 그림을 삽입하는 2가지 방법 중 익숙하고 편리한 기능을 선택하세요.
> - [홈] 탭-[그리기] 그룹의 [도형 채우기]-[그림]
> - [도형 서식] 작업 창의 [채우기]-[그림 또는 질감 채우기]-[삽입]

05 도형에 빠른 스타일 적용하고 스포이트로 색 지정하기

● **예제파일**: 헬스케어_빠른스타일.pptx   ● **완성파일**: 헬스케어_빠른스타일_완성.pptx

1 네 개의 원형 도형을 모두 선택하고 [홈] 탭–[그리기] 그룹에서 [빠른 스타일]을 클릭한 후 '테마' 스타일에서 [보통 효과–주황, 강조 2]를 선택하세요.

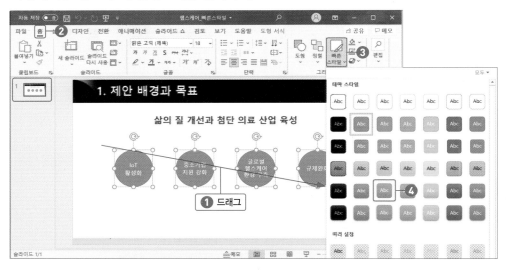

2 원형 도형의 스타일을 변경했으면 네 개의 원형 도형을 모두 선택한 상태에서 [홈] 탭–[그리기] 그룹의 [도형 윤곽선]의 목록 단추(⌄)를 클릭하고 [스포이트]를 선택하세요.

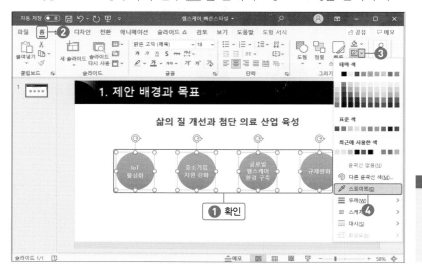

TIP

스포이트는 클릭한 위치의 색깔을 선택한 개체에 그대로 적용하는 기능입니다.

3 마우스 포인터가 🖋 모양으로 변경되면 윤곽선으로 지정할 화면 아래쪽의 노란색 배경 이미지를 클릭하세요. 그러면 선택한 도형의 윤곽선이 노란색으로 설정됩니다.

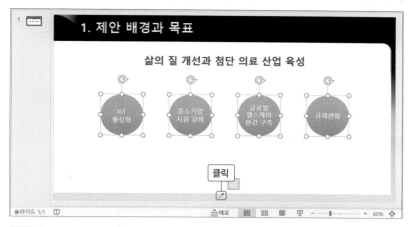

★우선순위

문서작성

텍스트

스마트아트그래픽

도형/도해

그림/표/차트

오디오/비디오

애니메이션

슬라이드쇼

템플릿디자인

저장/인쇄

> **TIP**
> 스포이트 기능은 RGB 값을 확인하기 어려운 그림에서 색깔을 추출할 때 아주 유용하게 사용할 수 있어요. 그리고 도형뿐만 아니라 텍스트와 개체들의 색을 지정하는 거의 모든 작업에 사용할 수 있습니다.

4 도형 윤곽선의 두께를 설정하기 위해 **[홈] 탭-[그리기] 그룹**에서 **[도형 윤곽선]**의 목록 단추(▾)를 클릭하고 **[두께]-[6pt]**를 선택하세요.

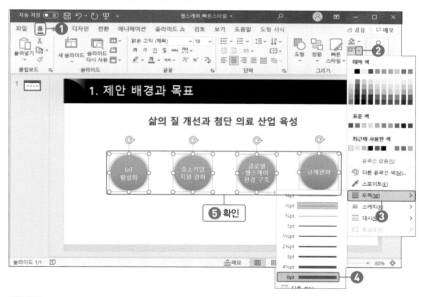

> **TIP**
> 도형의 윤곽선에 점선이나 화살표를 설정하려면 **[홈] 탭-[그리기] 그룹**에서 **[도형 윤곽선]**의 **[대시]** 또는 **[화살표]**를, 윤곽선을 없애려면 **[윤곽선 없음]**을 선택하세요.

06 도형에 그림자와 입체 효과 지정하기

Power Point

● **예제파일**: 재난관리_도형효과.pptx   ● **완성파일**: 재난관리_도형효과_완성.pptx

1 첫 번째 회색 도형을 선택하고 Shift 를 누른 상태에서 나머지 도형을 하나씩 클릭하여 네 개의 도형을 모두 선택합니다. [홈] 탭-[그리기] 그룹에서 [도형 효과]-[입체 효과]를 선택하고 '입체 효과' 에서 [볼록하게]를 선택하세요.

2 [도형 서식] 탭-[그리기] 그룹에서 [도형 효과]-[그림자]를 선택하고 '원근감'에서 [원근감: 오른쪽 위]를 선택하세요.

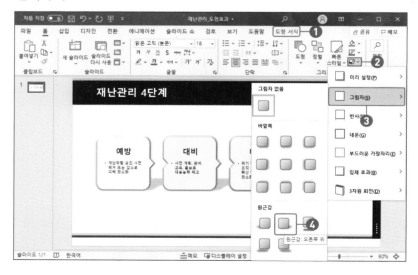

07 도형 서식 복사하기

Power Point

● **예제파일**: 재난관리_서식복사.pptx ● **완성파일**: 재난관리_서식복사_완성.pptx

1 1번 슬라이드에 있는 도형의 서식을 2번 슬라이드의 도형으로 복사해 볼게요. 1번 슬라이드에서 첫 번째 '예방' 도형을 선택하고 Ctrl+Shift+C를 눌러 서식을 복사하세요.

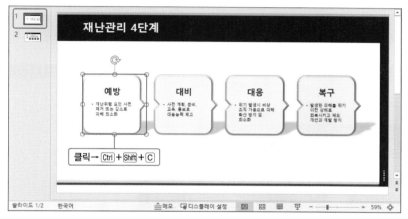

> **TIP**
>
> [홈] 탭-[클립보드] 그룹에서 [서식 복사]를 클릭하여 마우스 포인터가 ▷▲ 모양으로 변경되면 해당 서식을 적용할 영역에 클릭하여 복사한 서식을 붙여넣을 수 있습니다. 그리고 [서식 복사]를 더블클릭하면 Esc를 누를 때까지 복사한 서식을 계속 붙여넣을 수 있어요.

2 2번 슬라이드에서 맨 왼쪽의 첫 번째 원을 선택하고 Ctrl+Shift+V를 눌러 서식을 붙여넣습니다. 이와 같은 방법으로 나머지 도형의 서식도 하나씩 복사한 후 붙여넣으세요.

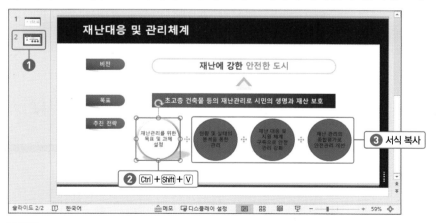

> **TIP**
>
> 아이콘을 이용하여 서식을 복사할 때는 중간에 다른 작업을 하면 서식 복사가 중단되므로 단축키를 이용해 서식 복사하는 방법이 더 효율적입니다.

03 이미지 이용해 고품질 프레젠테이션 작성하기

프레젠테이션 주제와 연관된 이미지를 활용하면 내용을 표현할 때 매우 유용합니다. 특히 파워포인트에서는 이미지에 적용할 수 있는 다양한 서식과 효과를 제공하기 때문에 별도의 그래픽 프로그램을 활용하지 않아도 이미지를 변형하고 수정할 수 있어요. 이번 섹션에서는 이미지를 삽입하고 효과를 적용하는 다양한 방법을 익힐 뿐만 아니라 그림에서 필요 없는 부분을 자르고 꾸미는 과정도 학습해 보겠습니다.

PREVIEW

▲ 그림 모양 변경하고
　배경 투명하게 만들기

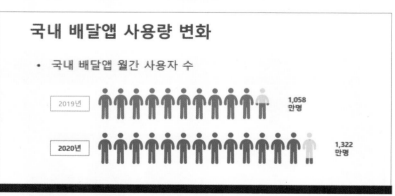

▲ 그림 자르기로 그래픽 차트 만들기

01 자주 사용하는 이미지의 종류 살펴보기

우선순위

문서작성

텍스트

스마트아트그래픽

도형/도해

그림/표/차트

오디오/비디오

애니메이션

슬라이드쇼

템플릿디자인

저장/인쇄

1 | 벡터 형식과 비트맵 형식

❶ 벡터(vector)

벡터 형식은 그림을 점, 선 등을 활용한 수학적 연산 형식으로 저장하여 아무리 크게 확대해도 이미지의 경계가 깨지지 않아 깨끗합니다.

📷 WMF, EMF, SVG 등

❷ 비트맵(bitmap)

비트맵 형식은 사각형 모양의 픽셀이 모여서 이미지를 만듭니다. 따라서 단위 면적당 픽셀의 수가 적으면 조금만 확대해도 깨짐 현상(또는 계단 현상)이 나타나고, 픽셀 수가 너무 많으면 이미지의 용량이 커지는 문제가 발생합니다.

📷 JPG, PNG, GIF 등

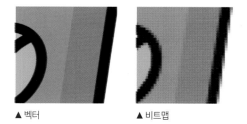

▲ 벡터   ▲ 비트맵

2 | WMF, EMF, SVG 형식

❶ WMF(Windows MetaFile), EMF(Enhanced MetaFile)

WMF, EMF는 마이크로소프트 윈도우용(Microsoft Windows)으로 개발된 이미지 파일 형식으로, EMF는 WMF 파일 형식이 확장된 형식입니다. 이 파일 형식의 그림을 그룹 해제하면 도형처럼 편집하거나 활용할 수 있어요.

❷ SVG(Scalable Vector Graphic)

SVG는 XML 기반의 파일 형식으로, 웹 브라우저에서도 사용할 수 있습니다. 주로 인터넷에서 제공하는 아이콘이나 지역별 선택이 가능한 지도 이미지 등에서 많이 사용하는 형식입니다. SVG는 M365를 사용하면 파워포인트에 바로 삽입할 수 있지만, 이전 버전에서는 WMF 또는 EMF 형식으로 변환한 후 사용할 수 있어요.

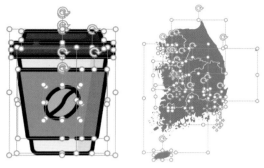

▲ EMF, SVG 등의 벡터 이미지

3 | JPG, GIF, PNG 형식

❶ JPG(Joint Photographic Experts Group)

JPG 형식은 사진처럼 사각형 모양의 이미지 저장에 사용되고 투명한 배경을 지원하지 않습니다.

❷ GIF(Graphics Interchange Format)

GIF는 256색을 표현할 수 있고 투명 배경과 애니메이션 이미지(움짤)를 지원합니다.

❸ PNG(Portable Network Graphics)

PNG는 트루컬러로 사각형 이미지뿐만 아니라 배경이 투명한 이미지도 표현할 수 있어요. 배경이나 다른 개체와 겹쳐 배치할 수 있어 프레젠테이션에서 활용도가 높습니다.

❶ JPG: 투명한 배경이 지원되지 않아 흰색 배경이 그대로 남아있어요.
❷ GIF: 256 색상만 지원하므로 섬세한 색 표현이 부족해요.
❸ PNG: 투명한 배경과 트루컬러를 지원해서 이미지가 자연스러워요.

Power Point 02 그림 삽입하고 간격과 줄 맞추기

● **예제파일**: 관광지_그림삽입.pptx ● **완성파일**: 관광지_그림삽입_완성.pptx

1 [삽입] 탭-[이미지] 그룹에서 [그림]을 클릭하고 [이 디바이스]를 선택하세요. [그림 삽입] 대화상자가 열리면 부록 실습파일에서 Shift를 이용해 '관광지1.jpg'부터 '관광지4.jpg'를 모두 선택하고 [삽입]을 클릭하세요.

> **TIP**
>
> 파워포인트 버전에 따라 [그림]을 클릭했을 때 나타나는 하위 메뉴가 조금씩 다를 수 있어요. 내 컴퓨터에서 그림 파일을 복사하거나 웹 브라우저에서 그림을 복사한 후 파워포인트에서 [붙여넣기]하는 방법으로도 쉽게 그림을 삽입할 수 있어요.

2 필름 위에 네 개의 그림이 삽입되면 간격과 줄을 맞춰서 배치해 보세요. 79쪽에서 배운 '스마트 가이드' 기능과 80쪽에서 배운 '도형 그룹화하고 균형 있게 배치하기' 기능을 참고하면 그림의 간격과 줄을 쉽게 맞출 수 있어요.

> **TIP**
>
> 삽입한 그림을 선택하면 리본 메뉴에 [그림 서식] 탭이 나타나요. 이렇게 [그림 서식] 탭이 나타나면 선택한 개체가 '그림'인 것을 알 수 있어요.

03 그림 모양 변경하고 효과 지정하기

◉ **예제파일**: 관광지_모양.pptx ◉ **완성파일**: 관광지_모양_완성.pptx

1 Shift를 이용해서 일곱 개의 그림을 모두 선택합니다. [그림 서식] 탭-[크기] 그룹에서 [자르기]의 자르기를 클릭하고 [도형에 맞춰 자르기]를 선택한 후 '사각형'에서 [사각형: 둥근 모서리](▢)를 선택하세요.

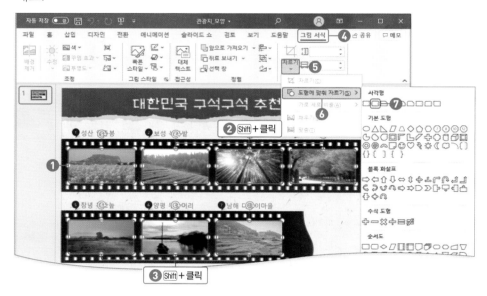

2 선택한 그림이 모서리가 둥근 사각형 모양으로 변경되었는지 확인합니다. 모든 그림을 선택한 상태에서 [그림 서식] 탭-[그림 스타일] 그룹에서 [그림 효과]-[그림자]를 선택하고 '안쪽'에서 [안쪽: 가운데]를 선택하여 그림의 안쪽에 그림자를 적용하세요.

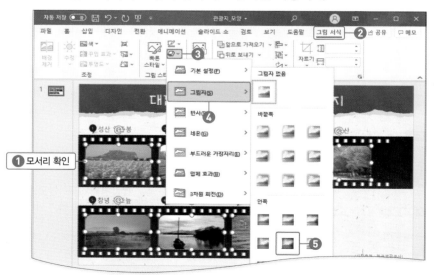

TIP

'그림 효과' 기능을 이용하여 그림자 외에도 그림에 반사, 네온, 부드러운 가장자리, 입체 효과, 3차원 회전 등의 효과를 지정할 수 있어요.

Power Point 04 로고의 흰색 배경을 투명하게 바꾸기

● **예제파일**: 관광지_투명로고.pptx ● **완성파일**: 관광지_투명로고_완성.pptx

1 화면의 오른쪽 위에 위치한 로고를 선택하고 **[그림 서식] 탭-[조정] 그룹**에서 **[색]**을 클릭한 후 **[투명한 색 설정]**을 선택하세요. 마우스 포인터가 ✎ 모양으로 변경되면 선택한 로고 그림에서 흰색 부분을 클릭하세요.

2 로고 배경의 흰색 부분이 투명하게 바뀌면서 바탕색과 같아졌는지 확인하세요.

TIP

'투명한 색 설정' 기능은 한 가지 색깔만 투명하게 바꿀 수 있어요. 두 가지 이상 색을 가진 배경을 투명하게 하려면 이 기능만으로는 해결할 수 없으므로 110쪽을 참고하세요. 이 기능은 주로 로고의 배경을 투명하게 만들 때 많이 사용하지만, 흰색이 아니어도 마우스 포인터(✎)가 클릭한 색을 투명하게 만들어줍니다.

05 그림의 불필요한 배경을 투명하게 바꾸기

● **예제파일**: 관광지_투명배경.pptx ● **완성파일**: 관광지_투명배경_완성.pptx

1 사진의 인물을 제외한 배경 이미지를 투명하게 만들어 볼게요. 화면의 오른쪽 아래에 있는 그림을 선택하고 **[그림 서식] 탭-[조정] 그룹**에서 **[배경 제거]**를 클릭하세요.

2 진분홍색으로 설정된 부분이 투명하게 표시되는데, 그림이 나타나야 할 부분까지 자동으로 투명 처리될 영역으로 지정되었으므로 일부분을 투명 영역에서 제외해 볼게요. **[배경 제거] 탭-[미세 조정] 그룹**에서 **[보관할 영역 표시]**를 클릭하세요.

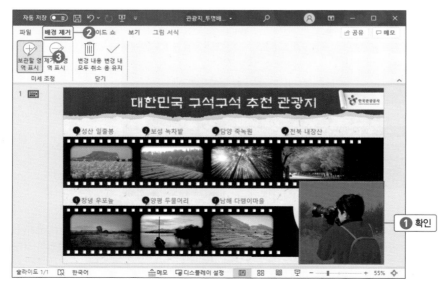

3 마우스 포인터가 ✐ 모양으로 변경되면 원하는 그림이 될 때까지 투명하게 처리된 옷과 가방 영역을 여러 번 드래그하여 보관할 영역으로 설정하세요. 투명 처리 영역을 모두 설정했으면 그림의 바깥쪽 부분을 클릭하거나 **[배경 제거]** 탭-**[닫기]** 그룹에서 **[변경 내용 유지]**를 클릭하세요.

TIP

화면 보기 비율을 확대하면 좀 더 세밀하게 작업할 수 있고 **[배경 제거]** 탭-**[미세 조정]** 그룹에서 투명 처리할 부분은 **[제거할 영역 표시]**를, 나타내야 할 부분은 **[보관할 영역 표시]**를 선택하세요. 변경 사항을 모두 원래대로 되돌리려면 **[배경 제거]** 탭-**[닫기]** 그룹에서 **[변경 내용 모두 취소]**를 클릭하세요.

4 그림의 불필요한 부분이 투명하게 처리되었는지 확인하세요.

TIP

remove.bg 사이트를 이용하면 이미지에서 사람이나 사물의 배경을 쉽고 빠르게 투명하게 만들 수 있어요.

06 서식 유지하면서 그림 바꾸기

◉ **예제파일**: 전략_바꾸기.pptx   ◉ **완성파일**: 전략_바꾸기_완성.pptx

1 그림의 크기와 위치, 적용된 서식까지 그대로 유지하면서 다른 그림으로 바꿀 수 있어요. 두 번째 그림을 선택하고 [그림 서식] 탭-[조정] 그룹에서 [그림 바꾸기]를 클릭한 후 [파일에서]를 선택합니다. [그림 삽입] 대화상자가 열리면 부록 실습파일에서 '전략1.jpg'를 선택하고 [삽입]을 클릭하세요.

TIP

파워포인트 버전에 따라 [그림 바꾸기]를 클릭했을 때 나타나는 하위 메뉴가 조금씩 다를 수 있어요.

2 두 번째 그림이 선택한 그림으로 바뀌었습니다. 이와 같은 방법으로 세 번째 그림과 네 번째 그림도 '전략2.jpg', '전략3.jpg'로 바꾸세요.

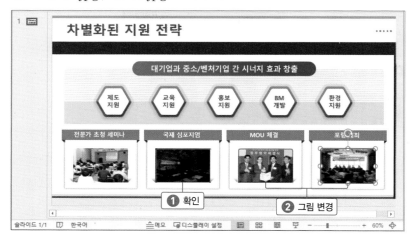

PowerPoint 07 희미하고 어두운 그림 선명하게 보정하기

● **예제파일**: 전략_보정.pptx   ● **완성파일**: 전략_보정_완성.pptx

1 희미하고 어두워 보이는 두 번째 그림을 선택하고 [그림 서식] 탭-[조정] 그룹의 [수정]을 클릭한 다음 '밝기/대비'의 [밝기: +40% 대비:0%(표준)]을 선택하세요. 다시 [수정]을 클릭하고 '선명도 조절'의 [선명하게:50%]를 선택하세요.

TIP

파워포인트 버전에 따라 [그림 서식] 탭 대신 [그림 도구]의 [서식] 탭으로 표시됩니다.

2 두 번째 그림을 선택한 상태에서 [그림 서식] 탭-[조정] 그룹의 [색]을 클릭하고 '색 채도'의 [채도:200%]를 선택하여 선명하고 밝게 보정하세요.

TIP

그림을 조금 더 세밀하게 보정하고 싶다면 [그림 서식] 탭-[조정] 그룹에서 [수정]을 클릭하고 [그림 수정 옵션]을 선택하세요. 화면 오른쪽에 [그림 서식] 창이 열리면 [그림]의 [그림 수정]에서 '선명도', '밝기'의 수치를 직접 수정할 수 있어요.

08 그림에서 필요 없는 부분 자르고 꾸미기

● **예제파일**: 전략_자르기.pptx　　● **완성파일**: 전략_자르기_완성.pptx

1　세 번째 그림과 복사된 그림을 함께 선택하고 **[그림 서식] 탭-[정렬] 그룹**에서 **[맞춤]-[왼쪽 맞춤]**, **[위쪽 맞춤]**을 클릭하여 2개의 그림이 정확하게 포개지도록 겹쳐보세요.

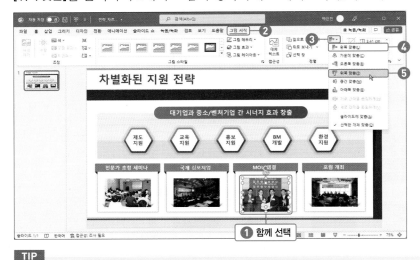

TIP

[그림 서식] 탭 대신 **[홈] 탭-[그리기] 그룹**의 **[정렬]-[맞춤]**을 이용해도 됩니다.

2　똑같은 그림이 두 장 겹쳐진 상태가 되었습니다. 위쪽 그림을 선택하고 그림의 일부분을 잘라 내기 위해 **[그림 서식] 탭-[크기] 그룹**에서 **[자르기]**를 클릭하세요.

3 잘라낼 그림의 테두리가 ㄱ 모양으로 변하면 테두리를 클릭한 상태로 드래그하여 악수하는 두 사람만 남도록 나머지 부분을 모두 잘라주세요. 자르기가 끝났다면 (Esc)를 눌러 자르기 상태를 해제하세요.

TIP

그림을 자를 때 마우스 포인터의 모양이 ├ 이면 한쪽 방향으로만 자를 수 있고, 꼭지점에서 ㄱ 모양이면 가로와 세로를 동시에 자를 수 있어요.

4 이번에는 자르지 않은 아래쪽 그림을 선택하고 [그림 서식] 탭-[조정] 그룹에서 [꾸밈 효과]-[흐리게]를 선택하세요.

TIP

두 개의 그림이 겹쳐져 있으므로 자른 후에도 잘 구분되지 않을 수 있어요. 이때 잘라낸 그림의 바깥쪽 부분을 클릭하면 아래쪽 그림을 쉽게 선택할 수 있어요.

문서서식

텍스트

스마트아트그래픽

도형/도해

그림/표/차트

오디오/비디오

애니메이션

슬라이드쇼

템플릿디자인

저장/인쇄

5 아래쪽 그림을 선택한 상태에서 **[그림 서식] 탭-[조정] 그룹**에서 **[색]**을 클릭하고 '다시 칠하기'의 **[회색조]**를 선택하세요.

6 잘라낸 위쪽 그림에는 아무런 효과를 주지 않고, 포개진 아래쪽 그림에만 '흐리게'와 '회색조' 효과를 적용하여 악수하는 사람이 훨씬 잘 보이게 그림을 꾸몄어요.

> **TIP**
>
> **[그림 서식] 탭-[조정] 그룹**에서 **[그림 원래대로]**를 클릭하고 **[그림 및 크기 다시 설정]**을 선택하면 잘라낸 그림을 원래대로 복구할 수 있어요.

Power Point 09 그림 자르기와 색 변화로 그래픽 차트 만들기

● **예제파일**: 배달앱_자르기.pptx ● **완성파일**: 배달앱_자르기_완성.pptx

1 Shift 를 이용해 오른쪽에서 두 번째에 위치한 회색 그림과 파란색 그림을 모두 선택합니다. **[그림 서식] 탭-[조정] 그룹**에서 **[색]**을 클릭하고 '다시 칠하기'에서 **[희미하게]**를 선택하세요.

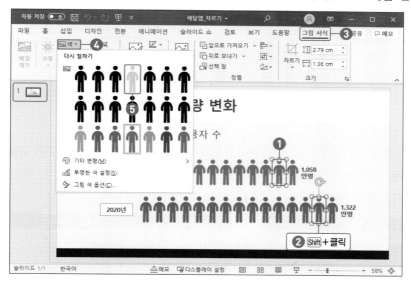

2 그림의 색이 흐리게 변경되었으면 가장 오른쪽에 있는 회색 그림을 선택하고 **[그림 서식] 탭-[크기] 그룹**에서 **[자르기]**의 ☑️를 클릭하세요.

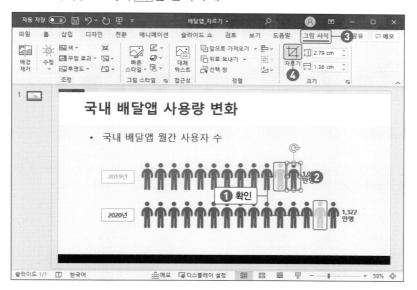

3 그림의 둘레에 테두리가 생기면 머리 위쪽의 가로 테두리에 마우스 포인터를 올려놓습니다. 마우스 포인터가 ⊥ 모양으로 변경되면 아래로 드래그해서 절반(58/100) 정도의 크기로 자르세요. 만약 가로와 세로 테두리가 완전히 보이지 않을 때는 보기 비율을 충분히 확대한 후에 자르세요.

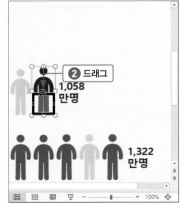

TIP
• ┐: 가로와 세로 방향을 동시에 자르기
• ━, ┃: 한 방향으로만 자르기

4 '2019년'의 끝에 있는 두 개의 그림을 함께 선택하고 [그림 서식] 탭-[정렬] 그룹에서 [개체 맞춤]을 클릭한 후 [왼쪽 맞춤]을 선택하여 정확히 포개주세요. 이와 같은 방법으로 파란색 그림 중 가장 마지막 그림을 선택하고 [자르기]를 이용하여 22/100를 표현하세요.

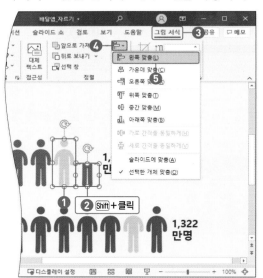
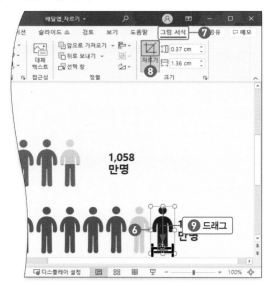

TIP
다른 그림과 일정하게 간격을 유지하기 위해 왼쪽을 기준으로 정렬해야 합니다. 자른 그림이 개체의 순서상 '맨 앞'에 있어야 두 개의 그림을 포갰을 때 잘라낸 그림이 강조됩니다.

5 '2020년'의 끝에 있는 두 개의 그림을 함께 선택하고 **[그림 서식] 탭−[정렬] 그룹**에서 **[개체 맞춤]−[왼쪽 맞춤]**을 선택하여 정확히 포개주세요.

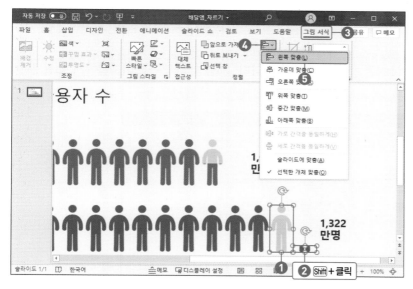

6 그림을 희미하게 색 변경하고 자른 후 겹쳐서 그래픽 차트 효과를 표현할 수 있어요.

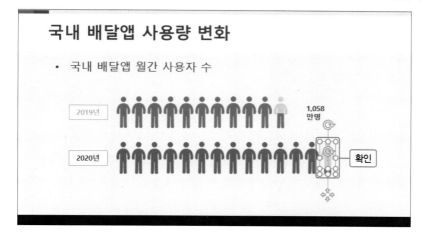

문서시작

텍스트

스마트아트그래픽

도형/도체

그림/표/차트

오디오/비디오

애니메이션

슬라이드쇼

테마디자인

저장/인쇄

Power Point **10** 그림 압축하고 원래의 상태로 되돌리기

● **예제파일**: 배달앱_그림압축.pptx   ● **완성파일**: 배달앱_그림압축_완성.pptx

1 오른쪽 위의 배달앱 아이콘 중 하나를 선택합니다. **[그림 서식]** 탭-**[조정]** 그룹에서 **[그림 원래대로]**
의 목록 단추(▾)를 클릭하고 **[그림 및 크기 다시 설정]**을 선택하세요.

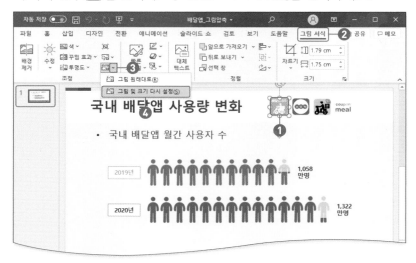

TIP

[그림 및 크기 다시 설정]은 그림에 적용한 여러 가지 변경 사항을 한꺼번에 되돌릴 때 유용한 기능입니다. 그림의 크기
와 자르기를 제외한 나머지 설정만 복원하려면 [그림 원래대로]를 선택하세요.

2 선택한 그림이 확장되면서 원본 상태로 복원되면 슬라이드에 있는 나머지 그림의 원본 모양을
확인하고 **Ctrl**+**Z**를 눌러 실행을 모두 취소합니다. **[그림 서식]** 탭-**[조정]** 그룹에서 **[그림 원래대로]**
를 클릭해도 이렇게 잘라진 영역이 다시 복원되지 않도록 설정해 볼게요.

확인→ **Ctrl**+**Z**

TIP

Ctrl+**Z**는 실행 취소
단축키이고 **Ctrl**+**Y**는
다시 실행의 단축키입
니다.

3 한 개의 배달앱 아이콘을 선택한 상태에서 **[그림 서식]** 탭-**[조정]** 그룹에서 **[그림 압축]**을 클릭하세요. [그림 압축] 대화상자가 열리면 '압축 옵션'에서 [이 그림에만 적용]과 [잘려진 그림 영역 삭제]의 체크를 확인하고 '해상도'에서 [웹(150ppi)]을 선택한 후 [확인]을 클릭하세요.

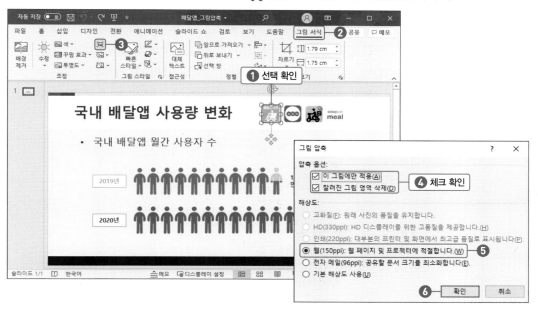

TIP

[이 그림에만 적용]의 체크를 해제하면 현재 문서 안에 있는 모든 이미지에 그림 압축 설정이 적용됩니다. 해상도 150ppi(picel per inch)는 웹페이지나 화면용으로 적당하고, 고품질 인쇄가 필요한 경우 220ppi를 선택하세요. 높은 해상도를 지원하려면 원본 이미지의 해상도가 좋아야 합니다.

4 그림 압축을 실행한 그림과 압축하지 않은 그림을 각각 선택하여 **[그림 서식]** 탭-**[조정]** 그룹에서 **[그림 및 크기 다시 설정]**을 클릭했을 때 원본 상태로 복원되는지 비교하세요.

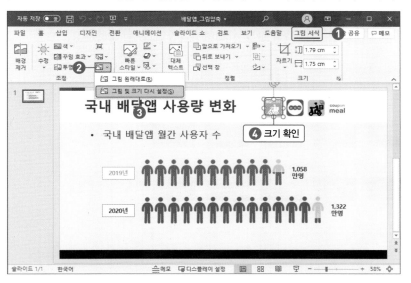

11 사진 앨범 만들어 그림 한 번에 삽입하기

● **예제파일**: 새 프레젠테이션 문서에서 작업하세요.   ● **완성파일**: 사진앨범_완성.pptx

1 슬라이드에 많은 양의 그림을 삽입할 때 '그림 삽입' 기능으로 하나씩 삽입하려면 시간과 노력이 많이 들지만, 빠르고 간단하게 삽입할 수 있는 방법이 있어요. **[삽입] 탭-[이미지] 그룹**에서 **[사진 앨범]**을 클릭하세요. [사진 앨범] 대화상자가 열리면 '그림 삽입'에서 [파일/디스크]를 클릭합니다.

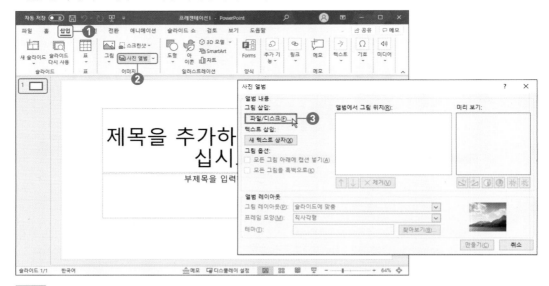

> **TIP**
>
> 사진 앨범은 자동으로 새 문서로 만들어지므로 지금 열려있는 파일에서 작업해도 상관없어요.

2 [그림 삽입] 대화상자가 열리면 부록 실습파일의 '사진' 폴더에서 '사진01.png'를 선택하고 [Shift]를 누른 상태에서 '사진10.png'를 선택하여 모두 선택한 후 [삽입]을 클릭하세요.

3 [사진 앨범] 대화상자로 되돌아오면 '앨범에서 그림 위치'에서 삽입할 그림 목록을 확인합니다. '앨범 레이아웃'의 '그림 레이아웃'에서 [슬라이드에 맞춤]을 선택하고 [만들기]를 클릭하세요.

4 하나의 슬라이드에 한 장의 사진을 배치하는 형식으로 선택한 모든 파일이 삽입되었습니다. 슬라이드 축소판 그림 창을 이용하여 순서를 이동하거나 전체를 복사하여 다른 파일에 쉽게 붙여 넣을 수 있어요.

04 데이터를 일목요연하게 정리하는 표 만들기

규칙적인 패턴으로 반복되는 데이터의 경우 표로 정리하면 한눈에 쉽게 볼 수 있도록 일목요연하게 표현할 수 있어요. 표현해야 하는 내용이 많고 행과 열을 기준으로 일정한 규칙이 있다면 표를 이용해 전달력 높은 슬라이드를 만들어 봅시다.

PREVIEW

지역별 자동차 수출 현황

구분	2021년	
	수출량	증감
미국	798	17.1%
동유럽	158	-23.5%
중동	558	3.8%
중남미	299	-13.2%

▲ 표 레이아웃과 디자인 수정하기

도시별 국제회의 개최현황

순위	국가	도시	A+B Type	A+C Type	A Type
1	싱가포르	싱가포르	1,238	1,313	1,177
2	벨기에	브뤼셀	734	735	733
3	한국	서울	439	449	431
4	오스트리아	비엔나	404	405	401
5	일본	도쿄	325	328	313
6	프랑스	파리	260	264	259
7	스페인	마드리드	201	208	190

▲ 표에서 중요 행 강조하기

Power Point 01 표 삽입하고 텍스트 입력하기

● **예제파일**: 자동차_표.pptx ● **완성파일**: 자동차_표_완성.pptx

1 표를 삽입하기 위해 **[삽입] 탭-[표] 그룹**에서 **[표]**를 클릭하세요. 표의 행과 열을 의미하는 목록이 열리면 '3×6' 표 모양이 되도록 드래그하세요.

> **TIP**
>
> 내용 개체 틀에 있는 [표 삽입] 아이콘(⊞)을 클릭해도 됩니다. [표 삽입] 대화상자가 열리면 '열 개수'와 '행 개수'에 값을 입력해도 원하는 크기의 표를 만들 수 있어요.

2 3열 6행의 표가 삽입되면 첫 번째 셀에 『구분』을 입력하고 (Tab)이나 →를 눌러 다음 셀로 이동한 후 『2021년』을 입력하세요. 이와 같은 방법으로 다음의 그림과 같이 각 셀에 내용을 입력하세요.

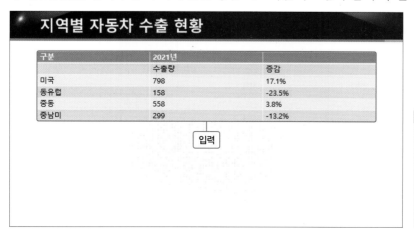

> **TIP**
>
> 아래쪽 방향에 내용을 입력하려면 ↓를 눌러 이동하세요. 만약 표의 맨 마지막 셀에서 한 행을 추가하려면 (Tab)을 누르세요.

02 표에 표 스타일 지정하기

● **예제파일**: 자동차_스타일.pptx ● **완성파일**: 자동차_스타일_완성.pptx

1 표를 선택하고 **[표 디자인] 탭-[표 스타일 옵션]** 그룹에서 **[줄무늬 행]**의 체크를 해제하세요. **[표 디자인] 탭-[표 스타일]** 그룹에서 **[자세히]** 단추(▽)를 클릭하고 '중간'에서 **[보통 스타일 2 - 강조 5]**를 선택하세요.

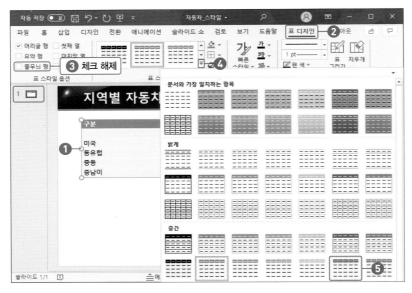

> **TIP**
>
> **[표 디자인] 탭-[표 스타일 옵션]** 그룹에서 체크하는 항목에 따라 **[디자인] 탭-[표 스타일]** 그룹에서 **[자세히]** 단추(▽)를 클릭했을 때 나타나는 미리 보기 서식이 달라집니다. 예를 들어 **[줄무늬 행]**의 체크를 해제하면 미리 보기 서식에서 줄무늬 모양의 서식이 모두 사라져요.

2 표에 '보통 스타일 2 - 강조 5' 스타일이 적용되었는지 확인해 보세요.

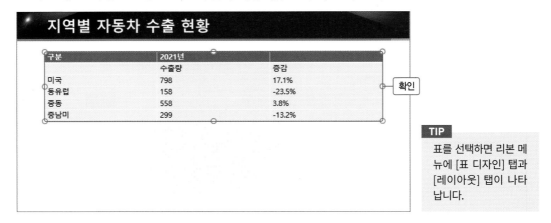

> **TIP**
>
> 표를 선택하면 리본 메뉴에 **[표 디자인]** 탭과 **[레이아웃]** 탭이 나타납니다.

126

Power Point 03 표의 레이아웃 변경하기

● **예제파일**: 자동차_레이아웃.pptx ● **완성파일**: 자동차_레이아웃_완성.pptx

1 표의 1행 1열과 2행 1열을 드래그하여 선택하고 **[레이아웃] 탭-[병합] 그룹**에서 **[셀 병합]**을 클릭하세요.

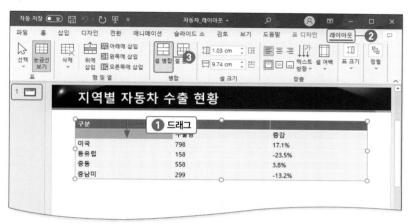

> **TIP**
> • **셀 병합**: 선택한 여러 개의 셀을 한 개의 셀로 합침 • **셀 분할**: 현재의 셀을 여러 개의 셀로 나눔

2 **1** 과정과 같은 방법으로 1행 2열과 1행 3열도 병합하세요. 표의 아래쪽 가운데에 있는 크기 조정 핸들(○) 위에 마우스 포인터를 올려놓고 ↕ 모양으로 변경되면 아래쪽으로 드래그하여 표의 높이를 높게 조정하세요.

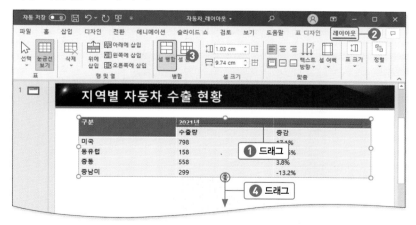

> **TIP**
> 1행 2열과 1행 3열을 선택하고 F4 를 눌러 방금 전 실행한 **1** 과정의 셀 병합 작업을 반복할 수 있어요.

3 표를 선택한 상태에서 [레이아웃] 탭-[맞춤] 그룹에서 [가운데 맞춤]과 [세로 가운데 맞춤]을 차례대로 클릭하여 표 전체의 텍스트를 정렬하세요. 1열과 2열의 경계선에 마우스 포인터를 올려놓고 ↔ 모양으로 변경되면 왼쪽으로 드래그해서 1열의 너비를 줄이세요.

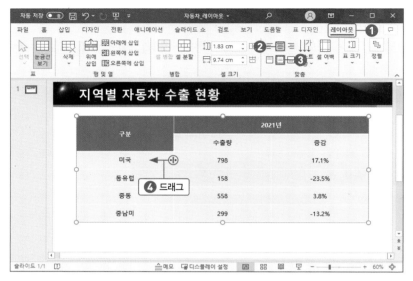

> **TIP**
>
> 표 전체가 아닌 일부 셀의 속성만 조절할 때는 셀을 드래그하여 범위로 지정한 후에 맞춤을 지정하세요. [레이아웃] 탭-[셀 크기] 그룹에서 [표 행 높이], [표 열 너비]의 숫자 값을 지정하여 셀의 크기를 정확히 조정할 수 있습니다.

4 2열, 3열을 드래그해 범위로 지정하고 [레이아웃] 탭-[셀 크기] 그룹에서 [열 너비를 같게]를 클릭하여 열 너비를 똑같이 맞추세요.

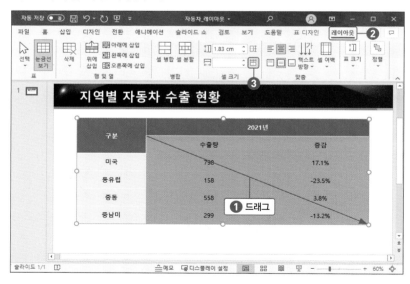

04 표의 셀에 테두리와 그림자 효과 지정하기

● **예제파일**: 자동차_디자인.pptx   ● **완성파일**: 자동차_디자인_완성.pptx

1 셀의 색을 변경하기 위해 3행 1열부터 마지막 행까지 선택합니다. [표 디자인] 탭-[표 스타일] 그룹에서 [음영]의 목록 단추(▾)를 클릭하고 '테마 색'에서 [파랑, 강조 5, 60% 더 밝게]를 선택하세요.

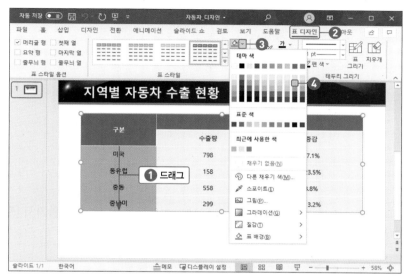

▶영상강의◀

2 2행 2열과 2행 3열을 선택하고 [표 디자인] 탭-[표 스타일] 그룹에서 [음영]의 목록 단추(▾)를 클릭한 후 '테마 색'에서 [파랑, 강조 5, 80% 더 밝게]를 선택합니다.

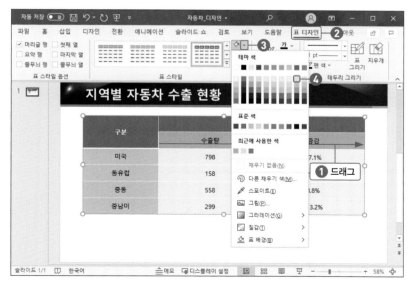

129

3 이와 같은 방법으로 표에서 숫자가 입력된 부분을 모두 선택하고 '테마 색'에서 [흰색, 배경 1]을 음영 색으로 지정하세요.

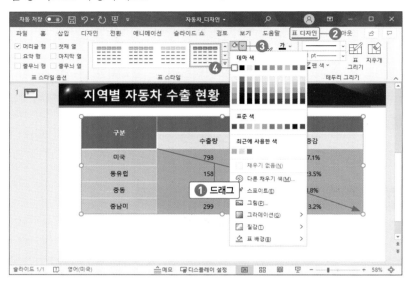

4 숫자가 입력된 부분의 셀 테두리를 변경하기 위해 [표 디자인] 탭-[테두리 그리기] 그룹에서 [펜 두께]는 [0.5pt], [펜 색]은 '테마 색'에서 [흰색, 배경 1, 35% 더 어둡게]를 선택하세요.

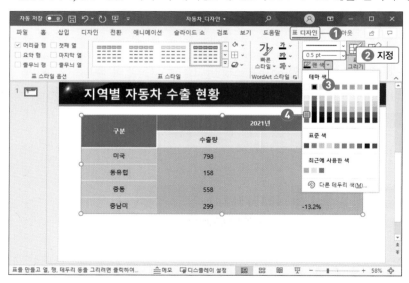

5 테두리의 모양, 굵기, 색깔을 지정했으면 마지막으로 테두리가 설정될 위치를 지정해 볼게요. 선택한 영역의 안쪽에 테두리를 설정하기 위해 **[표 디자인] 탭-[표 스타일] 그룹**에서 **[테두리]**의 목록 단추(⌄)를 클릭하고 **[안쪽 테두리]**를 선택하세요.

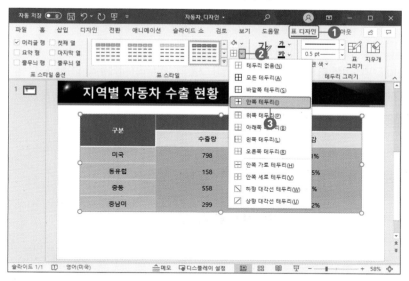

6 표를 선택한 상태에서 **[표 디자인] 탭-[표 스타일] 그룹**에서 **[효과]-[그림자]**를 선택하고 '안쪽'에서 **[안쪽: 오른쪽 아래]**를 선택하세요.

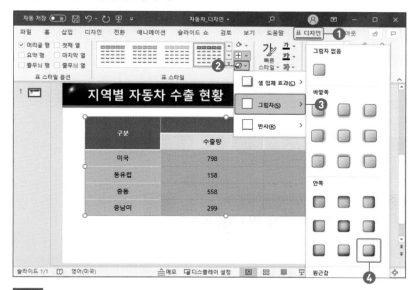

TIP

'셀 입체 효과'는 선택한 셀에만 속성을 설정할 수 있지만, '그림자'와 '반사'는 표 전체에 속성이 설정됩니다.

문서시작

텍스트

스마트아트그래픽

도형/도해

그림/표/차트

오디오/비디오

애니메이션

슬라이드쇼

테마디자인

저장/인쇄

05 세로 테두리가 없는 표 작성하기

● **예제파일**: 국제회의_테두리.pptx ● **완성파일**: 국제회의_테두리_완성.pptx

1 표의 테두리가 너무 진하면 표의 내용이 잘 보이지 않게 됩니다. 최소한의 테두리만 남기고 지워볼게요. 표를 선택하고 [테이블 디자인] 탭-[표 스타일] 그룹의 [테두리]-[테두리 없음]을 선택해서 표의 모든 테두리를 지우세요.

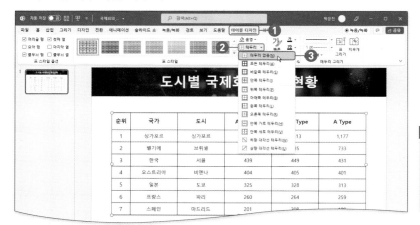

> **TIP**
>
> 파워포인트 버전에 따라 [테이블 디자인] 탭 대신 [표 도구]의 [디자인] 탭으로 표시됩니다.

2 표의 1행을 드래그하여 범위로 지정한 다음 [테이블 디자인] 탭-[테두리 그리기] 그룹에서 다음과 같이 설정하세요.

> • **펜 스타일**: ———————   • **펜 두께**: 1.5pt
> • **펜 색**: 흰색, 배경 1, 25% 더 어둡게

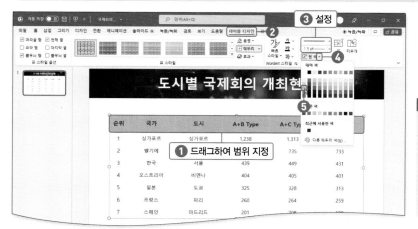

> **TIP**
>
> [테두리 그리기] 그룹의 설정 값들을 변경해도 위치를 적용하기 전까지 실제 표의 테두리에는 아무런 변화도 일어나지 않아요.

3 [테이블 디자인] 탭-[표 스타일] 그룹의 [테두리]-[위쪽 테두리], [아래쪽 테두리]를 차례로 선택하세요.

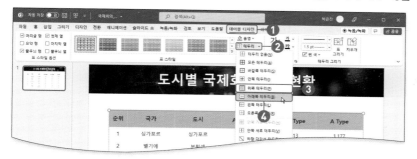

4 같은 방법으로 마지막 행을 드래그하여 범위로 지정하고 [테이블 디자인] 탭-[표 스타일] 그룹의 [테두리]-[아래쪽 테두리]를 선택하세요.

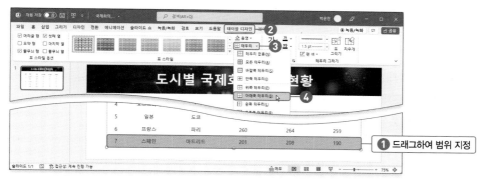

5 제목 행을 제외한 나머지 행들을 모두 범위로 지정한 다음 [테이블 디자인] 탭-[표 스타일] 그룹에서 다음과 같이 설정하세요.

- **펜 스타일**: ⋯⋯⋯⋯⋯⋯
- **펜 색**: 흰색, 배경 1, 15% 더 어둡게
- **펜 두께**: 0.5pt

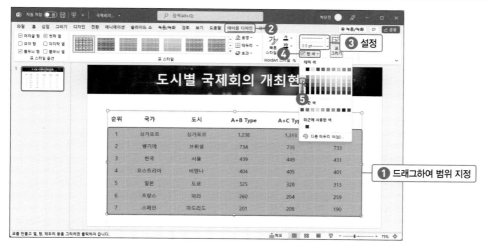

문서서식

텍스트

스마트아트그래픽

도형/도해

그림/표/차트

오디오/비디오

애니메이션

슬라이드쇼

테마디자인

저장/인쇄

6 [테이블 디자인] 탭-[표 스타일] 그룹에서 [테두리]-[안쪽 가로 테두리]를 선택하세요.

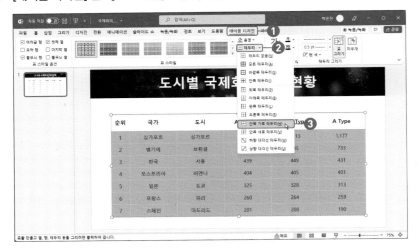

7 세로 테두리를 모두 지우고 바깥쪽 주요 테두리는 두껍게, 안쪽 테두리는 얇게 설정하여 표 안의 내용이 더 잘 보이게 했습니다.

도시별 국제회의 개최현황

순위	국가	도시	A+B Type	A+C Type	A Type
1	싱가포르	싱가포르	1,238	1,313	1,177
2	벨기에	브뤼셀	734	735	733
3	한국	서울	439	449	431
4	오스트리아	비엔나	404	405	401
5	일본	도쿄	325	328	313
6	프랑스	파리	260	264	259
7	스페인	마드리드	201	208	190

Power Point 06 중요 행을 강조하는 표 작성하기

◉ **예제파일**: 국제회의_강조행.pptx   ◉ **완성파일**: 국제회의_강조행_완성.pptx

1 3위 행을 특별히 강조하기 위해서 3위 행을 범위로 지정하고 **[홈]** 탭-**[글꼴]** 그룹에서 '**글꼴 크기**'는 **[20]**, '**글꼴 색**'은 **[검정, 텍스트 1, 15% 더 밝게]**로 설정한 다음 **[굵게]**를 클릭하세요.

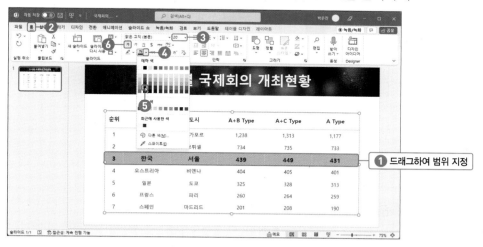

2 3위 행을 선택한 상태에서 **[테이블 디자인]** 탭-**[표 스타일]** 그룹의 **[음영]**의 목록 단추(⌄)를 클릭한 후 '**테마 색**'에서 **[파랑, 강조 1, 80% 더 밝게]**를 선택하세요.

> **TIP**
>
> 표의 셀 채우기 색은 **[홈]** 탭-**[그리기]** 그룹의 **[도형 채우기]**를 이용해도 됩니다.

3 3위 행을 선택하고 **[테이블 디자인] 탭-[테두리 그리기] 그룹**에서 다음과 같이 설정하세요.

- **펜 스타일**: —————   • **펜 두께**: 2.25pt
- **펜 색**: 파랑, 강조 1

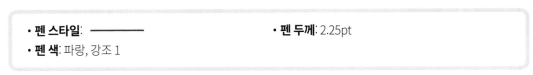

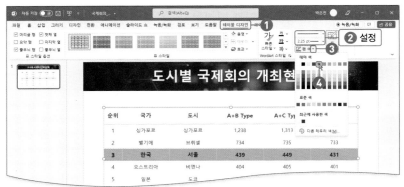

4 **[테이블 디자인] 탭-[표 스타일] 그룹**에서 **[테두리]-[바깥쪽 테두리]**를 클릭하세요.

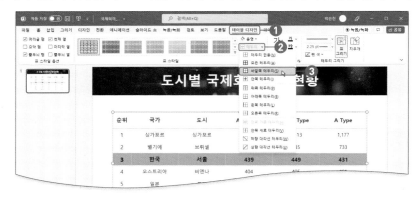

5 3위인 한국을 특별히 강조하는 표 디자인이 완성되었어요.

도시별 국제회의 개최현황

순위	국가	도시	A+B Type	A+C Type	A Type
1	싱가포르	싱가포르	1,238	1,313	1,177
2	벨기에	브뤼셀	734	735	733
3	**한국**	**서울**	**439**	**449**	**431**
4	오스트리아	비엔나	404	405	401
5	일본	도쿄	325	328	313
6	프랑스	파리	260	264	259
7	스페인	마드리드	201	208	190

Power Point 07 표의 셀에 여백 지정하기

● **예제파일**: 인구_셀여백.pptx ● **완성파일**: 인구_셀여백_완성.pptx

1 셀에 입력된 텍스트의 크기를 줄이지 않으면서 많은 양의 텍스트를 한 셀에 넣어야 할 때는 셀 여백을 조정해야 합니다. 표를 선택하고 [레이아웃] 탭-[맞춤] 그룹에서 [셀 여백]을 클릭한 후 [좁게]를 선택하세요.

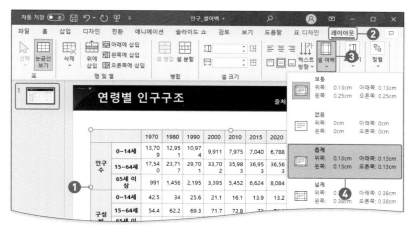

TIP

[레이아웃] 탭-[맞춤] 그룹에서 [셀 여백]-[사용자 여백 지정]을 선택하여 [셀 텍스트 레이아웃] 대화상자를 열고 상하좌우 여백의 크기를 사용자가 직접 설정할 수 있어요. 여백의 기본값은 왼쪽/오른쪽은 0.25cm, 위쪽/아래쪽은 0.13cm입니다.

2 셀 여백이 좁게 설정되면서 두 줄로 나뉘어졌던 내용이 한 줄로 깔끔하게 정리되었어요.

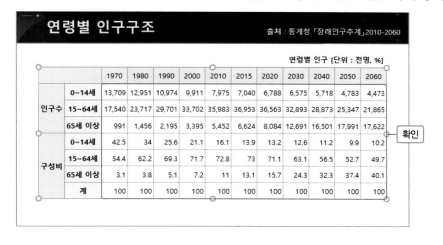

연령별 인구 [단위 : 천명, %]

		1970	1980	1990	2000	2010	2015	2020	2030	2040	2050	2060
인구수	0~14세	13,709	12,951	10,974	9,911	7,975	7,040	6,788	6,575	5,718	4,783	4,473
	15~64세	17,540	23,717	29,701	33,702	35,983	36,953	36,563	32,893	28,873	25,347	21,865
	65세 이상	991	1,456	2,195	3,395	5,452	6,624	8,084	12,691	16,501	17,991	17,622
구성비	0~14세	42.5	34	25.6	21.1	16.1	13.9	13.2	12.6	11.2	9.9	10.2
	15~64세	54.4	62.2	69.3	71.7	72.8	73	71.1	63.1	56.5	52.7	49.7
	65세 이상	3.1	3.8	5.1	7.2	11	13.1	15.7	24.3	32.3	37.4	40.1
	계	100	100	100	100	100	100	100	100	100	100	100

05 숫자 데이터가 돋보이는 차트 만들기

차트는 숫자 데이터를 시각화시켜서 그래픽 형식으로 표현하기 때문에 직관적이며 데이터 계열 간의 관계를 조금 더 쉽게 이해할 수 있다는 장점이 있습니다. 숫자로 표현해야 하는 데이터의 경우 표보다는 수치의 변화를 보여주는 차트를 사용해야 메시지를 훨씬 더 효과적으로 전달할 수 있습니다.

PREVIEW

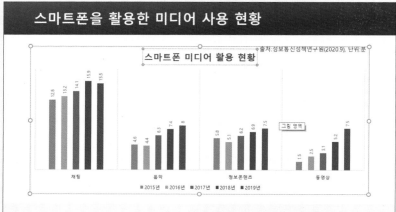

▲ 차트 삽입 후 레이아웃과 디자인 변경하기

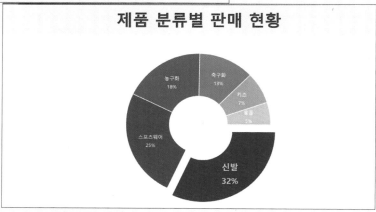

▲ 도넛 차트의 조각 분리하기

Power Point **01** **차트 삽입하고 행/열 전환하기**

● **예제파일**: 스마트폰.pptx, 차트데이터.xlsx ● **완성파일**: 스마트폰_완성.pptx

1 [삽입] 탭-[일러스트레이션] 그룹에서 [차트]를 클릭하세요.

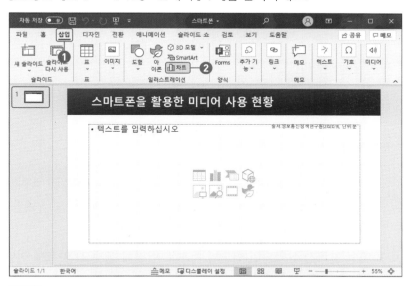

> **TIP**
>
> 내용 개체 틀에 있는 [차트 삽입] 아이콘(📊)을 클릭해도 됩니다. 차트를 만든 후에도 차트의 종류를 변경할 수 있어요.

2 [차트 삽입] 대화상자가 열리면 [세로 막대형] 범주에서 [묶은 세로 막대형]을 선택하고 [확인]을 클릭하세요.

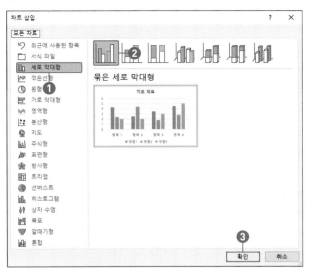

3 차트 데이터를 입력할 수 있는 창이 열리면 창에 입력되어 있는 기본값을 지우고 다음과 같이 내용을 입력하세요. 만약 새로 입력한 데이터의 행/열의 개수가 기존 데이터보다 작으면 기본 차트의 흔적이 남아 값이 0인 항목으로 표현될 수 있으니 필요 없는 행/열은 모두 삭제하세요. 부록 실습파일 '차트데이터.xlsx'에서 내용을 복사(Ctrl+C)한 후 차트 데이터 창에 붙여넣기 (Ctrl+V)해도 됩니다. 데이터 입력이 끝나면 차트 데이터 창의 [닫기] 단추(✕)를 클릭하여 차트 데이터 창을 닫습니다.

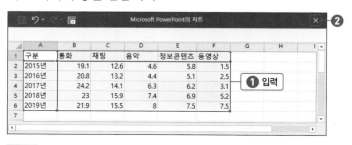

4 콘텐츠별로 묶은 세로 막대형 차트가 삽입되면 연도별 차트로 변경해 볼게요. 차트를 선택한 상태에서 **[차트 디자인] 탭-[데이터] 그룹**에서 **[데이터 선택]**을 클릭하세요.

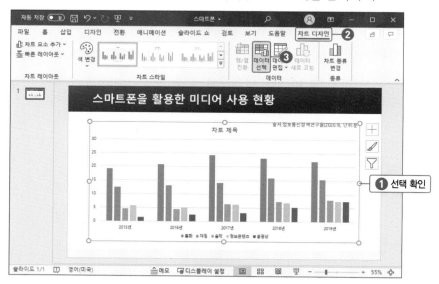

5 [데이터 원본 선택] 대화상자가 열리면 [행/열 전환]을 클릭하고 [확인]을 클릭하세요.

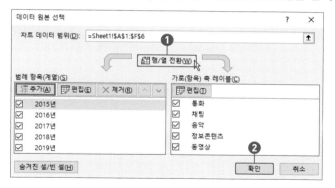

6 콘텐츠별로 묶은 세로 막대형 차트가 연도별 기준으로 묶은 세로 막대형 차트로 변경되었는지 확인하세요.

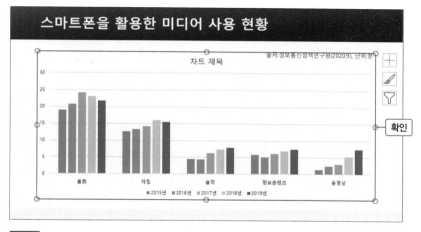

TIP
차트의 종류를 변경하려면 [**차트 디자인**] **탭-**[**종류**] **그룹**에서 [**차트 종류 변경**]을 클릭하세요.

잠깐만요 > 엑셀 차트 가져오기

엑셀에서 만든 차트를 복사한 후 파워포인트 슬라이드에 붙여넣으면 엑셀 차트를 파워포인트로 가져올 수 있어요. 붙여넣기 옵션은 다음과 같습니다.

	아이콘	붙여넣기 옵션	따르는 서식	원본 데이터와 연결	차트 수정
❶		대상 테마 사용 및 통합 문서 포함	현재 문서	연결 안 됨	가능
❷		원본 서식 유지 및 통합 문서 포함	원본 서식	연결 안 됨	가능
❸		대상 테마 사용 및 데이터 연결	현재 문서	연결됨	가능
❹		원본 서식 유지 및 데이터 연결	원본 서식	연결됨	가능
❺		그림	그림	연결 안 됨	불가능

문서작성

텍스트

스마트아트그래픽

도형/도해

그림/표/차트

오디오/비디오

애니메이션

슬라이드쇼

템플릿디자인

저장/인쇄

02 차트 색 변경하고 빠른 레이아웃 지정하기

● **예제파일**: 스마트폰_디자인.pptx   ● **완성파일**: 스마트폰_디자인_완성.pptx

1 차트의 색을 변경하기 위해 차트를 선택합니다. **[차트 디자인] 탭-[차트 스타일] 그룹**에서 **[색 변경]**을 클릭하고 '색상형'에서 **[다양한 색상표 2]**를 선택하세요.

> **TIP**
>
> 차트를 선택하고 오른쪽에 있는 [차트 스타일] 단추(✏️)를 클릭한 후 [색]을 선택해도 쉽게 차트의 색 구성을 변경할 수 있어요.

2 차트의 오른쪽에 있는 [차트 스타일] 단추(✏️)를 클릭하고 [스타일]에서 [스타일 2]를 선택하여 차트 스타일을 변경하세요.

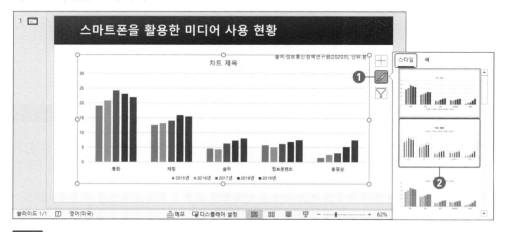

> **TIP**
>
> [차트 디자인] 탭-[차트 스타일] 그룹에서 [자세히] 단추(▽)를 클릭해도 같은 차트 스타일을 적용할 수 있어요. 차트 스타일 목록 위에서 마우스 포인터를 움직이면 결과를 미리 확인할 수 있습니다.

3 차트의 오른쪽에 있는 [차트 요소] 단추(⊞)를 클릭합니다. [범례] 항목에서 [아래쪽]을 선택하면 범례의 위치를 차트의 아래쪽으로 이동할 수 있어요.

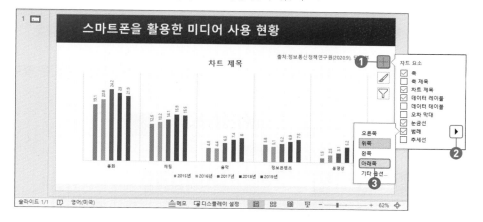

4 차트의 오른쪽에 있는 [차트 필터] 단추(▽)를 클릭하고 [값]의 '범주'에서 [통화]의 체크를 해제한 후 [적용]을 클릭합니다. 그러면 차트에서 '통화' 범주의 막대 차트가 표시되지 않아요.

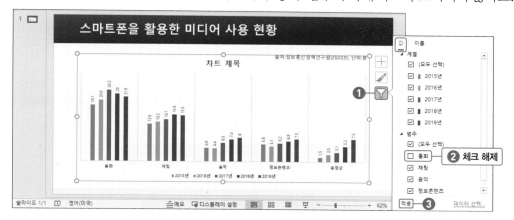

5 차트 제목을 선택하고 『스마트폰 미디어 활용 현황』을 입력한 후 차트를 완성하세요.

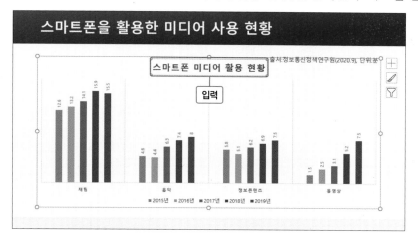

03 범례 위치 변경하고 레이블 설정하기

● **예제파일**: 스마트폰_레이블.pptx   ● **완성파일**: 스마트폰_레이블_완성.pptx

1 차트를 선택하고 [**차트 디자인**] 탭-[**차트 레이아웃**] 그룹에서 [**차트 요소 추가**]-[**범례**]-[**위쪽**]을 클릭하세요. 범례의 위치가 아래쪽에서 위쪽으로 이동됩니다.

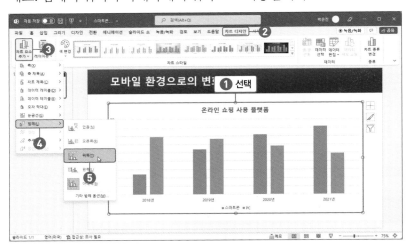

> **TIP**
>
> 차트 오른쪽의 [차트 요소] ⊞를 클릭해도 같은 기능을 적용할 수 있어요

2 이번에는 차트를 선택하고 [**차트 디자인**] 탭-[**차트 레이아웃**] 그룹에서 [**차트 요소 추가**]-[**데이터 레이블**]-[**안쪽 끝에**]를 클릭하세요. 차트 안쪽 끝에 값 레이블이 표시됩니다.

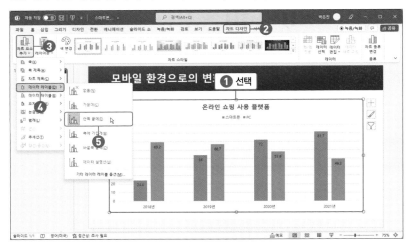

> **TIP**
>
> 차트 전체를 선택하지 않고 특정 계열을 선택한 후 데이터 레이블을 추가하면 선택한 계열에 대해서만 레이블이 표시됩니다. 데이터 레이블을 보다 상세하게 설정하려면 [기타 데이터 레이블 옵션...]을 클릭하세요.

Power Point 04 **세로축 눈금 단위 변경하기**

● 예제파일: 스마트폰_축설정.pptx ● 완성파일: 스마트폰_축설정_완성.pptx

1 차트를 선택하고 왼쪽 세로 축의 숫자를 클릭하세요. **[서식] 탭**-**[현재 선택 영역] 그룹**에서 '차트 요소'가 **[세로 (값) 축]**으로 선택되었는지 확인하고 **[선택 영역 서식]**을 클릭하세요.

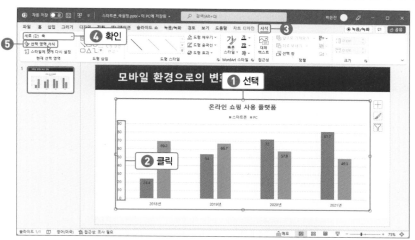

TIP

파워포인트 버전에 따라 **[서식] 탭** 대신 **[차트 도구]**의 **[서식] 탭**으로 표시됩니다. 차트에서 '세로 (값) 축'을 선택한 다음 마우스 오른쪽 단추를 눌러 **[축 서식]**을 선택해도 됩니다.

2 화면 오른쪽에 **[축 서식]** 작업 창이 열리면 **[축 옵션]**(🖿)에서 '경계'의 최대값을 **[100]**, '단위'의 기본을 **[20]**으로 입력하세요. 차트의 세로 눈금이 설정한 대로 변경되었는지 확인하세요.

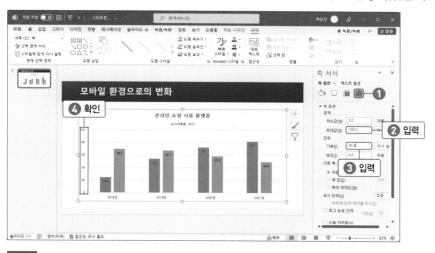

TIP

경계(최소값, 최대값)와 단위(기본, 보조) 값이 '자동'으로 설정되어 있으면 차트의 크기에 따라 값이 자동으로 조절되지만 직접 값을 입력하여 수정하면 차트 크기에 관계없이 항상 고정됩니다.

145

05 보조 축을 사용하는 콤보 차트 만들기

● **예제파일**: 판매_보조축.pptx ● **완성파일**: 판매_보조축_완성.pptx

1 차트를 선택하고 [**차트 디자인**] 탭-[**데이터**] 그룹의 [**데이터 편집**]을 클릭하세요. 데이터 시트에서 '점유율' 계열의 값이 다른 값과 비교하여 아주 작다는 점을 확인하고 ×를 눌러 데이터 창을 닫으세요

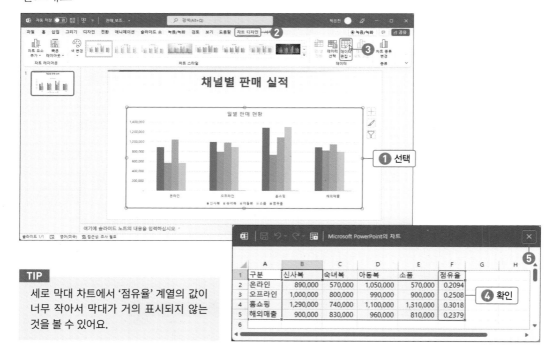

TIP

세로 막대 차트에서 '점유율' 계열의 값이 너무 작아서 막대가 거의 표시되지 않는 것을 볼 수 있어요.

2 차트를 선택하고 [**차트 디자인**] 탭-[**종류**] 그룹에서 [**차트 종류 변경**]을 클릭하세요.

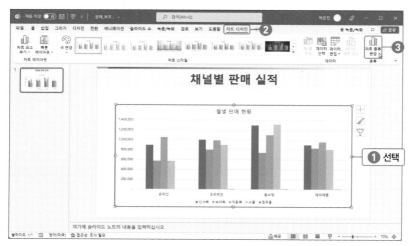

3 [차트 종류 변경] 대화상자가 열리면 차트 종류를 [혼합]으로 선택하고 '신사복, 숙녀복, 아동복, 소품'의 차트 종류는 [묶은 세로 막대형]으로, '점유율'의 차트 종류는 [꺾은선형]으로 선택합니다. '점유율'의 '보조 축'에 체크한 다음 [확인]을 클릭하세요.

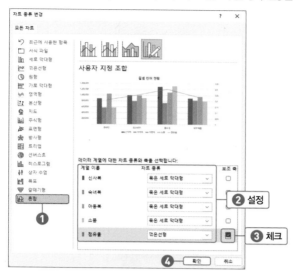

TIP

파워포인트 버전에 따라 [혼합] 차트가 [콤보] 차트로 표시됩니다.

4 '점유율' 계열이 오른쪽 보조 축 값을 기준으로 꺾은선형 차트로 표시됩니다. 보조 축의 눈금 값을 백분율로 변경하기 위해 보조 축의 숫자를 클릭하여 선택하고 [서식] 탭-[현재 선택 영역] 그룹에서 '차트 요소'가 [보조 세로 (값) 축]으로 선택되었는지 확인하고 [선택 영역 서식]을 클릭하세요.

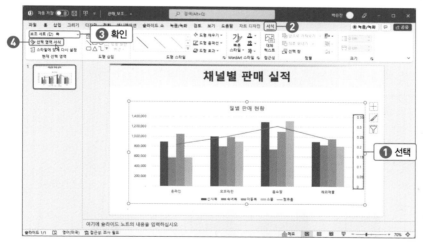

TIP

보조축의 숫자를 선택하고 마우스 오른쪽 단추를 눌러 [축 서식]을 클릭해도 됩니다.

5 [축 서식] 작업 창이 열리면 [축 옵션](📊)에서 '표시 형식'의 '범주'를 [백분율]로 선택하세요. 보조 축의 눈금이 백분율 값으로 변경되는지 확인하세요.

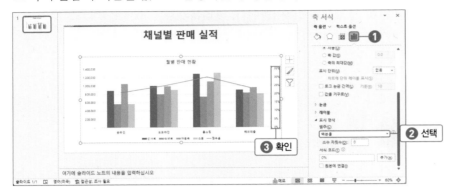

6 이번에는 꺾은선을 선택하고 [데이터 계열 서식] 작업 창의 [채우기 및 선](🪣)에서 ∿표식을 클릭하세요. '표식 옵션'은 [기본 제공], '형식'은 ● 을 선택하고 '크기'는 [10]을 입력하세요.

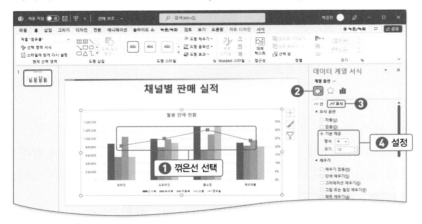

7 '점유율'이 오른쪽 보조 축을 참고하는 혼합 차트가 완성되었습니다.

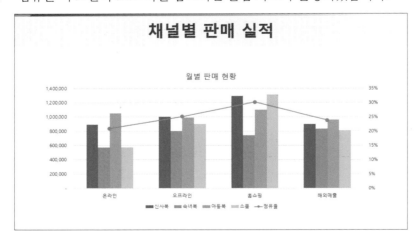

> **TIP**
>
> 차트 종류를 변경할 때 '꺾은선형' 대신 '표식이 있는 꺾은선형'을 선택할 수도 있어요.

06 도넛 차트의 조각 분리하기

● **예제파일**: 판매_도넛.pptx ● **완성파일**: 판매_도넛_완성.pptx

1 차트의 파이 도형을 클릭하고 [**서식**] 탭-[**현재 선택 영역**] 그룹의 '차트 요소'가 [**계열 "매출"**]로 선택 되었는지 확인한 다음 [**선택 영역 서식**]을 클릭하세요.

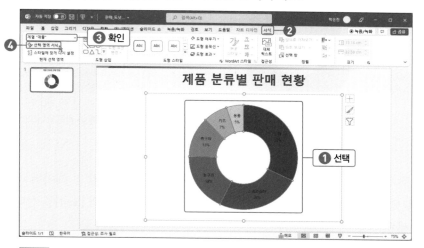

> **TIP**
>
> 파이 부분에서 마우스 오른쪽 단추를 클릭하고 [데이터 계열 서식]을 선택해도 됩니다.

2 [**데이터 계열 서식**] 작업 창의 '계열 옵션'에서 '첫째 조각의 각'은 [90°], '도넛 구멍 크기'는 [40%]로 수정하고 ⊠를 클릭하여 창을 닫으세요.

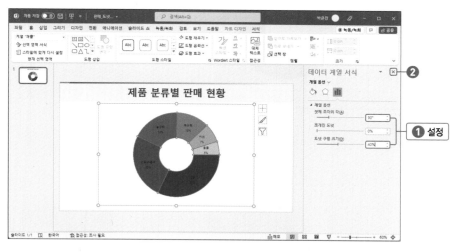

3 파이 도형 안의 텍스트를 클릭하여 데이터 레이블을 모두 선택하고 **[홈] 탭-[글꼴] 그룹**에서 '글꼴 색'을 **[흰색, 배경1]**로 설정하세요.

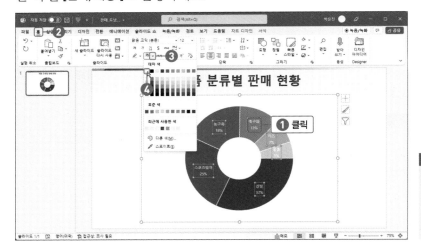

4 데이터 레이블이 모두 선택된 상태에서 '신발' 부분을 한 번 더 클릭하여 '신발'의 데이터 레이블만 선택하세요. **[홈] 탭-[글꼴] 그룹**에서 **'글꼴 크기'**는 **[20]**, **'글꼴 색'**은 표준 색의 **[노랑]**을 선택한 다음 **[굵게]**를 클릭하세요.

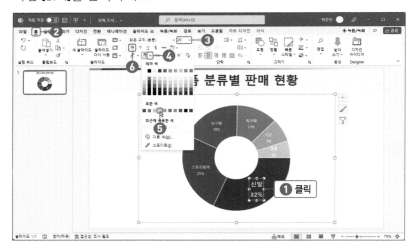

5 파이 도형을 클릭하여 선택한 다음 '신발' 요소의 파이 도형을 한 번 더 클릭하세요.

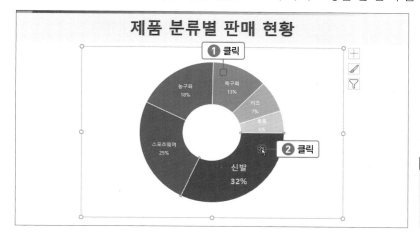

TIP

'신발' 요소의 파이 조
각만 선택되었는지 조
절점을 확인하세요.

6 원점의 반대 방향으로 드래그하여 도넛 조각을 분리하세요.

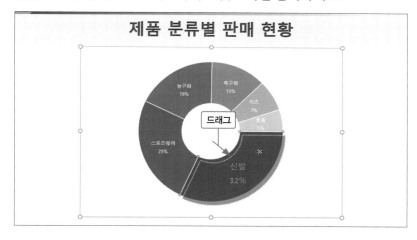

7 '신발'의 파이 도형만 분리한 도넛 차트가 완성되었어요.

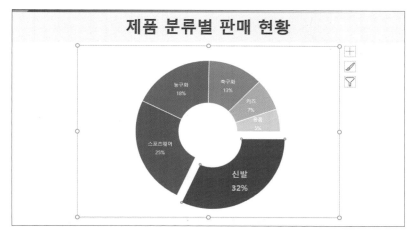

문서서식

텍스트

스마트아트그래픽

도형/도해

그림/표/차트

오디오/비디오

애니메이션

슬라이드쇼

템플릿디자인

저장/인쇄

생동감 넘치는
멀티프레젠테이션 만들기

파워포인트는 프레젠테이션에 생동감을 불어넣을 수 있는 다양한 멀티미디어 개체와 애니메이션 효과를 제공합니다. 따라서 오디오 파일이나 비디오 파일 등의 시청각 자료를 활용하여 실감 나는 현장의 소리와 영상을 청중에게 보여줄 수 있어요. 또한 다른 프로그램의 도움 없이 애니메이션이나 화면 전환을 통해 유기적으로 연결하여 자연스럽게 고품질 프레젠테이션을 연출할 수도 있습니다. 이번 장에서는 배경 음악과 비디오를 삽입하여 멀티미디어 슬라이드에 애니메이션 효과를 지정하고 슬라이드 쇼를 연출하는 방법에 대해 배워봅니다.

PowerPoint

01 오디오/비디오로 멀티미디어 슬라이드 만들기

슬라이드에 동영상과 소리 같은 멀티미디어를 삽입해서 볼거리가 풍부한 다이내믹한 프레젠테이션을 진행하면 청중의 관심을 유도하여 이목을 집중시킬 수 있어요. 멀티미디어 개체를 슬라이드에 직접 삽입하면 경로 변경에 따른 실행 오류가 줄어들어서 좀 더 안정적으로 프레젠테이션을 진행할 수 있습니다. 이번 섹션에서는 슬라이드에 배경 음악과 비디오를 삽입하고 편집하는 방법에 대해 배워봅니다.

PREVIEW

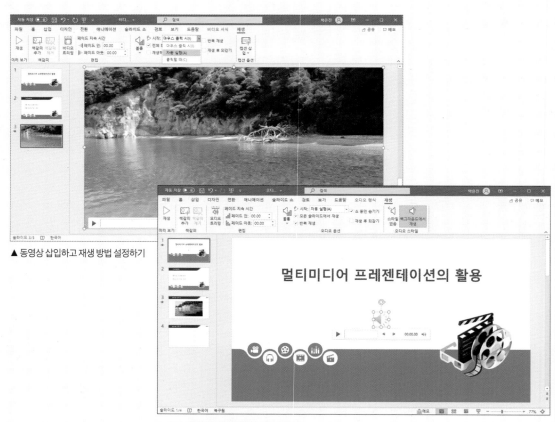

▲ 동영상 삽입하고 재생 방법 설정하기

▲ 음악 삽입하고 배경 음악으로 지정하기

Power Point 01 동영상 삽입하고 자동으로 실행하기

● **예제파일:** 비디오_삽입.pptx　● **완성파일:** 비디오_삽입_완성.pptx

1 3번 슬라이드를 선택하고 [삽입] 탭-[미디어] 그룹에서 [비디오]를 클릭하고 [이 장치]를 선택하세요.

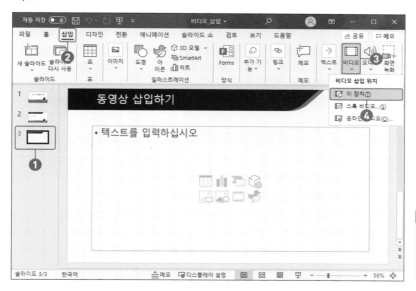

> **TIP**
> 버전에 따라 [이 장치]
> 가 아닌 [내 PC의 비디
> 오]가 나타날 수 있어요

2 [비디오 삽입] 대화상자가 열리면 부록 실습파일에서 'beach.mp4'를 선택하고 [삽입]을 클릭하세요.

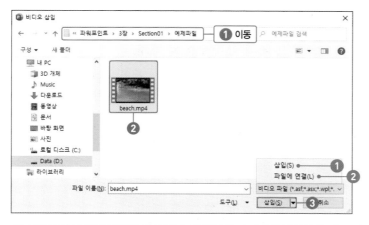

❶ **삽입:** 문서 안에 동영상이 포함되므로 용량은 커지지만 동영상을 따로 저장할 필요가 없습니다.

❷ **파일에 연결:** 동영상이 문서에 포함되지 않아 연결된 동영상 파일의 경로가 달라지면 제대로 실행되지 않으니 주의해야 합니다.

3 동영상 파일이 삽입되면 [재생] 탭−[비디오 옵션] 그룹에서 [전체 화면 재생]에 체크하고 **'시작'**의 목록 단추(🔽)를 클릭한 후 [자동 실행]을 선택하세요.

❶ 마우스 클릭 시: 마우스를 클릭하면 동영상이 실행됩니다.
❷ 자동 실행: 해당 슬라이드가 열리면 동영상이 자동으로 실행됩니다.
❸ 클릭할 때: 비디오 프레임을 클릭하면 동영상이 실행됩니다.

4 [F5]를 눌러 처음 슬라이드부터 슬라이드 쇼를 실행합니다. 3번 슬라이드에서 비디오가 자동으로 '전체 화면'으로 재생되는지 확인하고 슬라이드 쇼를 멈추려면 [Esc]를 누르세요.

Power Point 02 동영상에 스타일과 비디오 효과 지정하기

● **예제파일**: 비디오_효과.pptx   ● **완성파일**: 비디오_효과_완성.pptx

1 3번 슬라이드에서 비디오 클립을 선택합니다. [비디오 서식] 탭-[비디오 스타일] 그룹에서 [자세히] 단추(▽)를 클릭하고 '일반'에서 [모서리가 둥근 입체 사각형]을 선택하세요.

> **TIP**
>
> [재생] 탭-[비디오 옵션] 그룹에서 [전체 화면 재생]에 체크했으면 비디오 스타일 변경을 확인할 수 없어요. 이 경우에는 [전체 화면 재생]의 체크를 해제하고 확인하세요.

2 [비디오 서식] 탭-[비디오 스타일] 그룹에서 [비디오 효과]-[반사]를 선택하고 '반사 변형'에서 [근접 반사: 터치]를 선택하세요. [슬라이드 쇼] 단추(🖵)를 클릭하거나 Shift + F5 를 눌러 현재 슬라이드 부터 슬라이드 쇼를 실행하여 설정한 내용을 확인하세요.

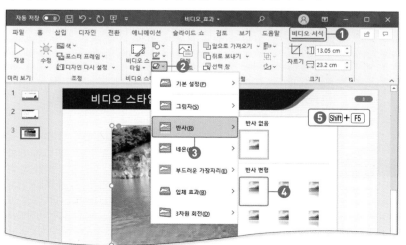

> **TIP**
>
> 비디오에 설정한 스타일, 셰이프, 테두리, 효과 등의 서식을 원래의 기본값으로 되돌리려면 [비디오 서식] 탭-[조정] 그룹에서 [디자인 다시 설정]을 클릭하세요.

03 동영상에서 원하는 부분만 재생하기

● **예제파일**: 비디오_트리밍.pptx ● **완성파일**: 비디오_트리밍_완성.pptx

1 3번 슬라이드에서 비디오 클립을 선택하고 [재생] 탭-[편집] 그룹에서 [비디오 트리밍]을 클릭하세요.

> **TIP**
>
> 별도의 영상 편집 프로그램을 이용하여 영상을 편집하지 않아도 원하는 구간만 재생하도록 비디오를 트리밍할 수 있어요.

2 선택한 비디오의 일부분만 재생하도록 설정해 볼게요. [비디오 트리밍] 창이 열리면 '시작 시간'은 [00:30](초)로, '종료 시간'은 [00:57](초)로 지정하고 [확인]을 클릭하세요.

> **TIP**
>
> 시작 시간과 종료 시간은 시간을 직접 입력하거나 시간 표시 막대에서 초록색 표식(▮)과 빨간색 표식(▮)을 드래그하여 설정할 수 있어요. '비디오 트리밍' 기능을 이용하면 동영상의 일부분만 실행되도록 설정할 수 있지만 언제든지 원래대로 되돌릴 수 있어요. 이때 실제로 영상이 편집되는 것은 아니므로 파일의 용량에는 변화가 없습니다. 그리고 M365 이전 버전에서는 [비디오 맞추기] 창으로 표시됩니다.

3 비디오를 재생해서 영상과 소리를 들어보고 트리밍을 설정한 위치에서 영상이 시작하고 끝나는지 확인하세요.

TIP

[재생] 탭-[미리 보기] 그룹에서 [재생]을 클릭해도 비디오를 재생할 수 있어요

4 트리밍된 동영상의 시작 부분과 끝 부분을 좀 더 자연스럽게 처리해 볼게요. **[재생] 탭-[편집] 그룹**에서 '페이드 지속 시간'의 '**페이드 인**'은 **[02.00](초)**로, '**페이드 아웃**'은 **[03.00](초)**로 지정하세요.

TIP

- **페이드 인(fade-in) 효과**: 소리나 영상이 점점 커지거나 밝아지면서 시작하는 효과로, 영상의 시작 부분에서 사용해요.
- **페이드 아웃(fade-out) 효과**: 소리나 영상이 점점 작아지거나 어두워지면서 끝나는 효과로, 영상의 마지막 부분에서 사용해요.

우선순위

문서시작

텍스트

스마트아트그래픽

도형/도해

그림/표/차트

미디어/개체

애니메이션

슬라이드쇼

템플릿디자인

저장/인쇄

5 [슬라이드 쇼] 단추(🖵)를 클릭하거나 Shift+F5 를 눌러 현재 슬라이드부터 슬라이드 쇼를 실행하고 설정한 내용을 확인하세요.

TIP

슬라이드 쇼 실행 방법
방법1 처음부터 슬라이드 쇼 실행: F5 , 빠른 실행 도구 모음에서 [처음부터 시작] 도구(🖵) 클릭
방법2 현재 슬라이드부터 슬라이드 쇼 실행: Shift+F5 , [읽기용 보기] 단추(📖) 또는 [슬라이드 쇼] 단추(🖵) 클릭

잠깐만요 > 파워포인트에서 권장하는 비디오 파일 형식 살펴보기

· **파워포인트 2010**: *.wmv
· **최신 버전의 파워포인트**: H.264 비디오 및 AAC 오디오로 인코딩된 *.mp4 파일

호환되는 형식의 비디오 파일을 사용해도 올바른 버전의 코덱이 설치되어 있지 않거나, 사용 중인 마이크로소프트 윈도우 버전에서 인식할 수 있는 형식으로 파일이 인코딩되어 있지 않으면 비디오가 제대로 재생되지 않을 수 있으니 주의하세요.

04 오디오 파일 삽입하고 배경 음악으로 지정하기

Power Point

● **예제파일**: 오디오_삽입.pptx ● **완성파일**: 오디오_삽입_완성.pptx

1 1번 슬라이드에서 [삽입] 탭-[미디어] 그룹의 [오디오]를 클릭하고 [내 PC의 오디오]를 선택하세요.

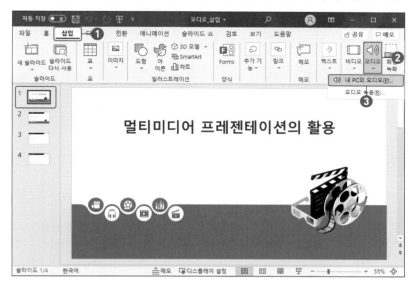

▶영상강의◀

TIP

첫 페이지부터 음악이 나오려면 1번 슬라이드에서 오디오 파일을 삽입해야 해요.

2 [오디오 삽입] 대화상자가 열리면 부록 실습파일에서 'main theme.mp3'를 선택하고 [삽입]을 클릭하세요.

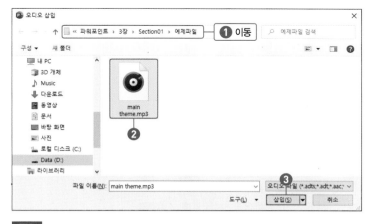

TIP

파워포인트에서 권장되는 오디오 파일 형식
- **파워포인트 2010**: *.wav, *.wma
- **최신 버전의 파워포인트**: AAC 오디오로 인코딩된 *.m4a 파일

161

3 오디오 파일이 삽입되면 [재생] 탭-[오디오 스타일] 그룹에서 [백그라운드에서 재생]을 클릭하여 배경 음악으로 설정합니다. F5를 눌러 처음부터 슬라이드 쇼를 실행한 후 모든 슬라이드에서 음악이 재생되는지 확인하고 Esc를 눌러 슬라이드 화면으로 되돌아오세요.

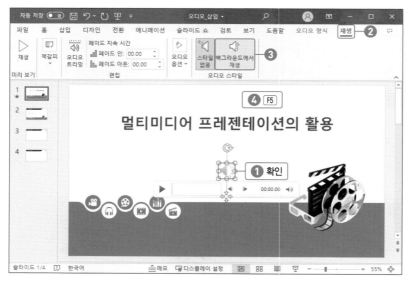

[백그라운드에서 재생]을 클릭하면 [재생] 탭-[오디오 옵션] 그룹에서 '시작'의 [자동 실행]이 선택되고 [모든 슬라이드에서 재생], [반복 재생], [쇼 동안 숨기기]에 자동으로 체크됩니다. 오디오 삽입을 나타나지 않게 하려면 슬라이드의 바깥으로 볼륨 아이콘(🔊)을 이동하세요.

4 특정 위치에서 배경 음악을 멈추기 위해 오디오 아이콘(🔊)을 클릭하고 [애니메이션] 탭-[애니메이션] 그룹에서 [추가 효과 옵션 표시] 아이콘(🔽)을 클릭하세요.

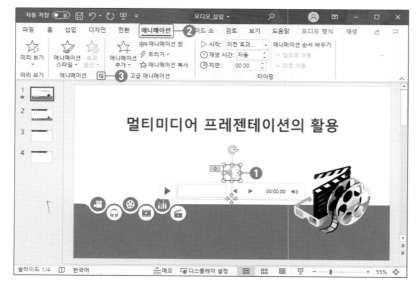

5 [오디오 재생] 대화상자가 열리면 [효과] 탭의 '재생 중지'에서 [지금부터]를 선택하고 『3』을 입력한 후 [확인]을 클릭하세요.

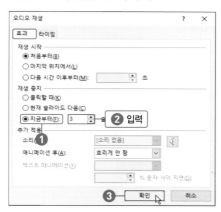

TIP

[재생] 탭-[오디오 옵션] 그룹에서 [모든 슬라이드에서 재생]에 체크하면 [오디오 재생] 대화상자의 [효과] 탭에서 '재생 중지'의 값이 [999]로 자동 설정됩니다. 이 값을 중지하고 싶은 슬라이드의 위치로 수정하세요.

6 F5 를 눌러 처음 슬라이드부터 슬라이드 쇼를 실행하고 **5** 과정에서 설정한 대로 4번 슬라이드에서 배경 음악이 멈추는지 확인하세요.

잠깐만요 > 화면 녹화 도구 살펴보기

❶ **기록**: 녹화를 시작합니다.
❷ **녹화 중지**: 진행중인 녹화를 중지합니다.
❸ **영역 선택**: 드래그하여 녹화할 영역을 지정합니다.
❹ **오디오, 레코드 포인터**: 오디오와 마우스 포인터를 화면 녹화에 포함할 것인지의 여부를 선택합니다.

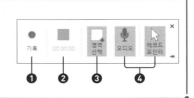

05 화면 녹화해서 영상으로 기록하기

◉ **예제파일**: 화면녹화_대상.pptx, 화면녹화.pptx　　◉ **완성파일**: 화면녹화_완성.pptx

1 컴퓨터 작업 내용을 파워포인트로 화면 녹화하고 동영상으로 만들어 슬라이드에 삽입할 수 있습니다. '화면녹화_대상.pptx'에서 작업한 내용을 녹화하여 '화면녹화.pptx'에 동영상으로 삽입해 볼게요. '화면녹화_대상.pptx'와 '화면녹화.pptx'를 차례대로 열고 '화면녹화.pptx'에서 **[삽입] 탭-[미디어] 그룹**의 **[화면 녹화]**를 클릭하세요.

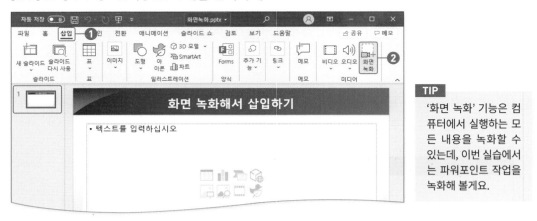

> **TIP**
>
> '화면 녹화' 기능은 컴퓨터에서 실행하는 모든 내용을 녹화할 수 있는데, 이번 실습에서는 파워포인트 작업을 녹화해 볼게요.

2 화면이 흐려지면서 '화면녹화.pptx'는 최소화되어 사라지고 화면 녹화 도구가 나타나면 **[영역 선택] 도구**(🔲)를 클릭하세요. 마우스 포인터가 **+** 모양으로 변경되면 녹화할 화면 영역인 '화면녹화_대상.pptx'의 창을 마우스로 드래그하세요. 녹화할 영역이 빨간색 점선으로 설정되면 화면 녹화 도구에서 **[기록] 도구**(📸)를 클릭합니다.

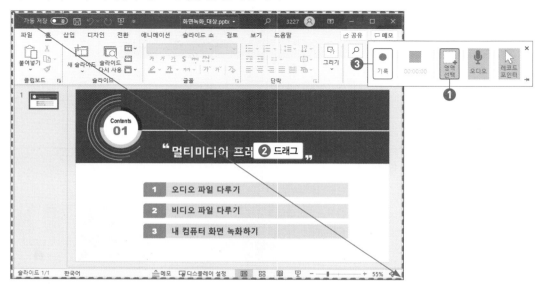

3 '기록을 중지하려면 Windows 로고 키 + Shift + Q를 누르세요.'라는 알림 창이 나타났다가 사라집니다. 그러면 지금부터 빨간색 점선 영역 안에서 움직이는 모든 화면 내용과 마우스 동작은 화면 녹화되어 영상으로 기록됩니다.

4 '화면녹화_대상.pptx'에서 도형을 선택하고 몇 가지 서식을 자유롭게 변경한 후 ⊞+Shift+Q를 눌러 화면 녹화를 중지하세요.

TIP

여기서는 도형과 텍스트의 색깔을 변경해보았는데, 빨간색 점선 영역 안에서 일어나는 모든 내용이 화면으로 녹화됩니다.

5 선택한 영역에서 작업한 내용이 동영상으로 기록되어 '화면녹화.pptx'에 삽입되었으면 삽입된 비디오를 재생하여 녹화된 영상의 내용을 확인하세요.

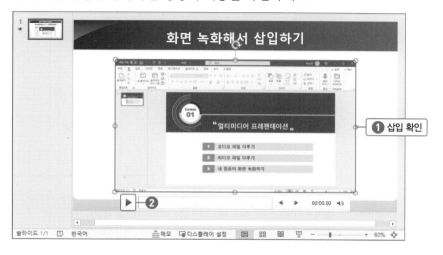

02 애니메이션으로 개체에 동적 효과 연출하기

개체에 애니메이션을 지정하면 화면에서 개체가 나타나거나 사라지는 등의 효과를 설정하여 특정 개체를 강조할 수 있어요. 이것은 청중의 눈길을 끄는 아주 좋은 효과입니다. 하지만 애니메이션을 너무 많이 사용하면 오히려 청중의 집중을 방해하여 프레젠테이션이 산만해질 수 있으니 주의하세요. 이번 섹션에서는 실무에서 자주 사용하는 애니메이션 효과뿐만 아니라 애니메이션을 필요한 곳에 적절하게 사용하여 프레젠테이션의 설득력을 높일 수 있는 방법에 대해 배워봅니다.

PREVIEW

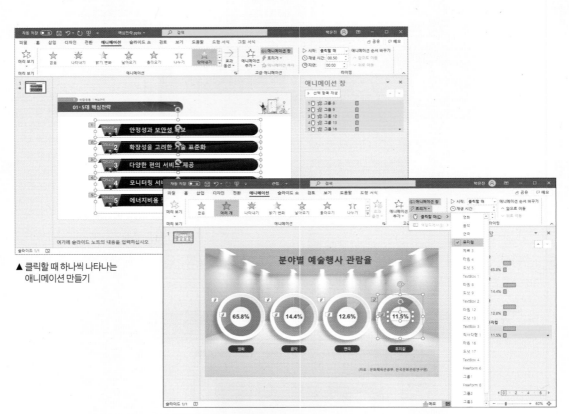

▲ 클릭할 때 하나씩 나타나는
　애니메이션 만들기

▲ 선택한 순서대로 애니메이션 실행하기

섹션별
주요 내용

01 | 클릭할 때마다 하나씩 등장하는 애니메이션 만들기　02 | 포인트 강조하고 애니메이션의 순서 바꾸기

03 | 클릭하면 화면에서 사라지는 애니메이션 만들기　04 | 뉴스 헤드라인처럼 흐리게 텍스트 표현하기

05 | 경로를 따라 이동하는 애니메이션 만들기　06 | 차트와 스마트아트 그래픽에 애니메이션 설정하기

07 | 선택한 순서대로 화면에 설명 표시하기

2013 | 2016 | 2019 | 2021 | Microsoft 365

우선순위★
문서작성
워드
스마트아트그래픽
도형/도해
그림/표/차트
오디오/비디오
애니메이션
슬라이드쇼
템플릿디자인
저장/인쇄

Power Point 01

클릭할 때마다 하나씩 등장하는 애니메이션 만들기

◉ **예제파일**: 핵심전략.pptx ◉ **완성파일**: 핵심전략_완성.pptx

1 다섯 개의 핵심 전략이 모두 포함되도록 드래그하여 선택하세요. **[애니메이션] 탭-[애니메이션] 그룹**에서 **[자세히]** 단추(▾)를 클릭한 후 '나타내기'에서 **[닦아내기]**를 선택하세요.

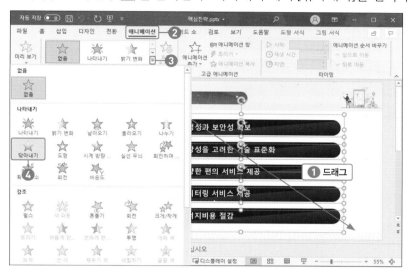

TIP

나타나는 순서를 정하고 싶으면 Shift를 누르고 원하는 순서대로 하나씩 클릭하여 선택하세요.

2 **[슬라이드 쇼]** 단추(🖵)를 클릭하여 설정된 애니메이션을 확인합니다. **[애니메이션] 탭-[애니메이션] 그룹**에서 **[효과 옵션]**을 클릭하고 '방향'에서 **[왼쪽에서]**를 선택한 후 변경된 애니메이션을 실행하세요.

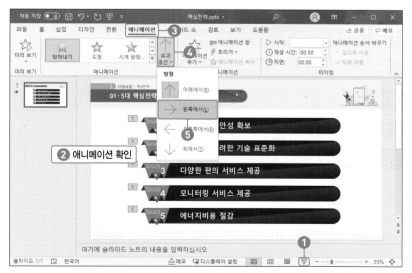

TIP

개체의 왼쪽 위에 있는 숫자 **1**은 애니메이션이 실행되는 마우스 클릭 횟수로, 이 숫자가 모두 1이라는 것은 마우스를 한 번 클릭하면 모두 동시에 애니메이션이 실행되는 것을 의미해요. 이 숫자는 [애니메이션] 탭 또는 [애니메이션 창]을 선택했을 때만 볼 수 있어요.

167

3 [애니메이션] 탭-[고급 애니메이션] 그룹에서 [애니메이션 창]을 클릭합니다. 화면의 오른쪽에 [애니메이션 창]이 열리면 모든 애니메이션이 선택된 상태에서 **[애니메이션] 탭-[타이밍] 그룹**에서 '**시작**'의 목록 단추(☑)를 클릭하고 [**클릭할 때**]를 선택하세요.

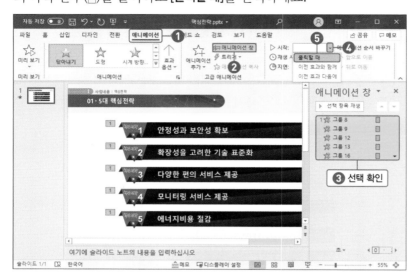

TIP

애니메이션의 시작 방법에는 [클릭할 때], [이전 효과와 함께], [이전 효과 다음에]가 있어요. [클릭할 때]는 마우스를 클릭할 때마다 애니메이션이 한 단계씩 실행됩니다. [애니메이션 창]에서 별 모양 앞에 있는 숫자 1☆, 1☆는 마우스의 클릭 횟수를 나타냅니다. 숫자 5는 마우스를 다섯 번 클릭해야 애니메이션이 실행된다는 의미입니다.

4 [슬라이드 쇼] 단추(🖵)를 클릭하여 슬라이드 쇼를 실행하고 클릭할 때마다 애니메이션이 하나씩 실행되는지 확인하세요.

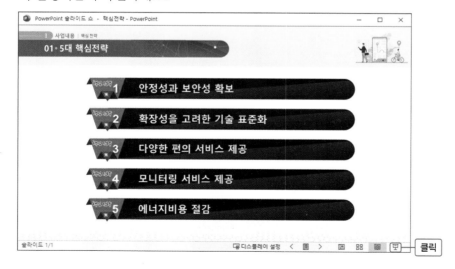

Power Point 02 포인트 강조하고 애니메이션의 순서 바꾸기

● **예제파일**: 산업단지.pptx　● **완성파일**: 산업단지_완성.pptx

1 하나의 개체에 두 개 이상의 애니메이션을 설정하고 애니메이션의 순서를 바꿔볼게요. [슬라이드 쇼] 단추(🖵)를 클릭하여 설정되어 있는 애니메이션을 확인하고 **[애니메이션] 탭-[고급 애니메이션] 그룹**에서 **[애니메이션 창]**을 클릭합니다.

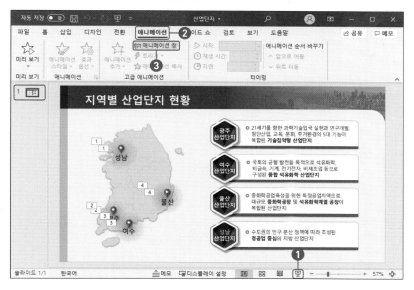

2 화면의 오른쪽에 [애니메이션 창]이 열리면 [성남산단]의 아래쪽에 있는 [picture1]을 선택하세요.

TIP

개체 수가 많을 때는 애니메이션이 함께 실행되는 단위로 그룹을 묶은 후 애니메이션을 설정하는 것이 편리합니다.

3 'picture1' 개체에는 '나타내기' 애니메이션이 이미 적용되어 있는데, 여기에 한 번 더 강조하는 애니메이션을 추가해 볼게요. **[애니메이션] 탭-[고급 애니메이션] 그룹**에서 **[애니메이션 추가]**를 클릭하고 '강조'에서 **[크게/작게]**를 선택하세요.

4 **[애니메이션 창]**에 추가된 'picture1' 애니메이션의 목록 단추(▼)를 클릭하고 **[타이밍]**을 선택하세요. **[크게/작게]** 대화상자의 **[타이밍]** 탭이 열리면 '시작'에서는 **[이전 효과 다음에]**를, '반복'에서는 **[2]**를 선택하고 **[확인]**을 클릭하세요.

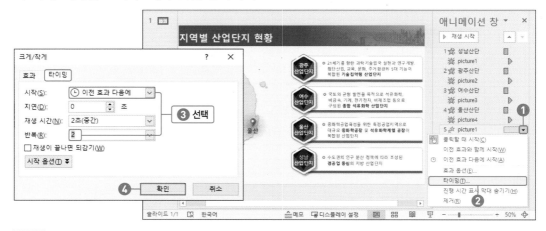

5 [애니메이션 창]에서 [Shift]를 이용해서 '성남산단'과 'picture1'의 '나타내기' 애니메이션을 함께 선택한 후 끝에서 두 번째 위치로 드래그하여 애니메이션의 순서를 이동하세요.

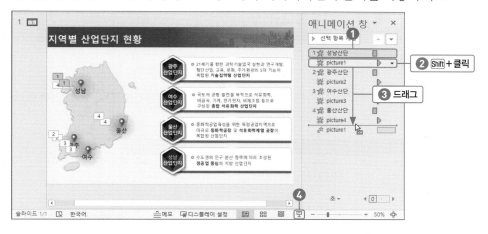

6 [슬라이드 쇼] 단추([모])를 클릭하여 슬라이드 쇼를 실행한 후 성남산업단지를 강조하는 애니메이션을 확인하세요.

잠깐만요 > 애니메이션의 종류와 효과 살펴보기

애니메이션의 종류	표현 모양	효과
나타내기	⭐	화면에 없던 개체를 화면에 나타낼 때의 효과
강조	☀	개체를 강조하는 효과
끝내기	⭐	화면에서 사라질 때의 효과
이동 경로	☆	특정 경로나 패턴을 따라 개체가 이동하는 효과

03 클릭하면 화면에서 사라지는 애니메이션 만들기

● **예제파일**: 커튼.pptx ● **완성파일**: 커튼_완성.pptx

1 뒤쪽에 있는 좌우 커튼을 선택하기 위해 **[홈] 탭-[편집] 그룹**에서 **[선택]**을 클릭하고 **[선택 창]**을 선택하세요.

> **TIP**
>
> 아치 모양의 큰 커튼이 앞쪽에 배치되어 있어서 뒤쪽에 있는 좌우 커튼을 선택하기 쉽지 않아요. 큰 개체의 뒤쪽에 가려진 작은 개체를 선택하기 어려우면 [선택 창]을 이용하는 것이 편리합니다.

2 화면의 오른쪽에 [선택] 작업 창이 열리면 Ctrl을 누른 상태에서 [커튼_우]와 [커튼_좌]를 모두 선택하세요. **[애니메이션] 탭-[애니메이션] 그룹**에서 **[자세히] 단추(▽)**를 클릭하고 '끝내기'에서 **[날아가기]**를 선택한 후 [선택] 작업 창을 닫으세요.

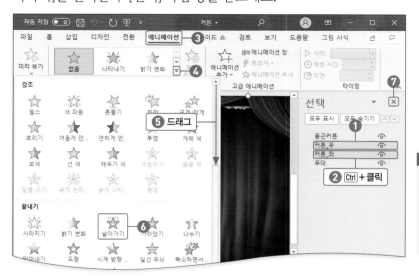

> **TIP**
>
> [자세히] 단추(▽)를 클릭했을 때 목록에 [날아가기]가 없으면 [추가 끝내기 효과]를 선택하세요.

3 [애니메이션] 탭-[고급 애니메이션] 그룹에서 [애니메이션 창]을 클릭합니다. 화면의 오른쪽에 [애니메이션 창]이 열리면 [커튼_우]를 선택하고 [애니메이션] 탭-[애니메이션] 그룹에서 [효과 옵션]을 클릭한 후 '방향'에서 [오른쪽으로]를 선택하세요.

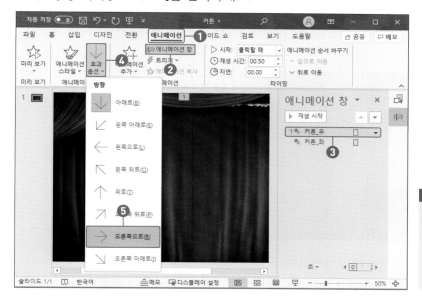

TIP

왼쪽 커튼은 왼쪽으로, 오른쪽 커튼은 오른쪽으로 사라지도록 애니메이션의 방향을 설정하세요.

4 [애니메이션 창]에서 [커튼_좌]를 선택하고 [애니메이션] 탭-[애니메이션] 그룹에서 [효과 옵션]을 클릭한 후 '방향'에서 [왼쪽으로]를 선택하세요.

TIP

'끝내기' 애니메이션은 빨간색 별 모양으로 나타나고 화면에서 사라지는 애니메이션 방법을 설정합니다.

5 [애니메이션 창]에서 [커튼_좌]를 선택한 상태에서 Shift 를 눌러 [커튼_우]를 함께 선택합니다. [애니메이션] 탭−[타이밍] 그룹에서 '재생 시간'을 [01.50]으로 지정하세요.

TIP
재생 시간의 숫자가 클수록 애니메이션은 천천히 진행됩니다.

6 [슬라이드 쇼] 단추(모)를 클릭하여 커튼이 각각 양쪽 방향으로 사라지는 애니메이션을 확인하세요.

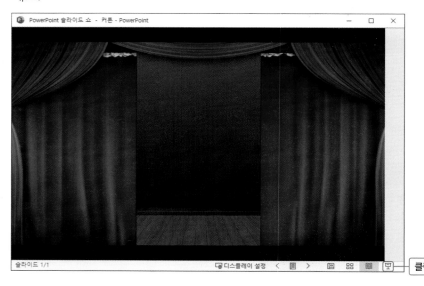

04 뉴스 헤드라인처럼 흐리게 텍스트 표현하기

●**예제파일**: 향수.pptx　●**완성파일**: 향수_완성.pptx

1 본문 개체 틀을 선택하고 [애니메이션] 탭-[애니메이션] 그룹에서 [자세히] 단추(▾)를 클릭한 후 [추가 나타내기 효과]를 선택하세요. [나타내기 효과 변경] 대화상자가 열리면 '기본 효과'에서 [내밀기]를 선택하고 [확인]을 클릭하세요.

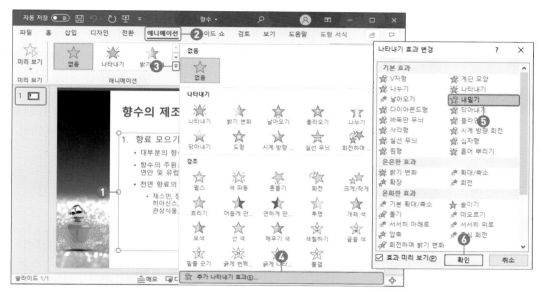

2 [애니메이션] 탭-[애니메이션] 그룹에서 [추가 효과 옵션 표시] 아이콘(▨)을 클릭하세요.

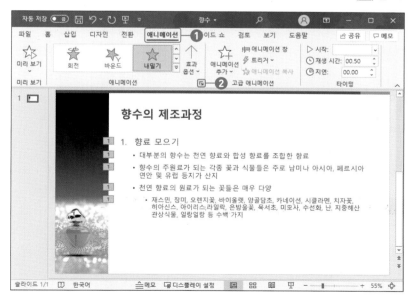

▶영상강의◀

175

3 [내밀기] 대화상자의 [효과] 탭이 열리면 '추가 적용'의 '애니메이션 후'에서 [회색]을 선택합니다. [텍스트 애니메이션] 탭을 선택하고 '텍스트 묶는 단위'에서 [둘째 수준까지]를 선택한 후 [확인]을 클릭하세요.

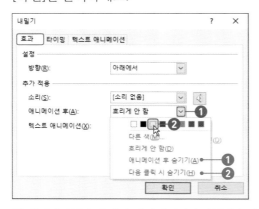
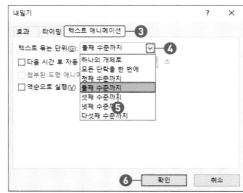

❶ **애니메이션 후 숨기기**: 애니메이션이 실행된 후에 즉시 사라집니다.
❷ **다음 클릭 시 숨기기**: 애니메이션이 실행된 후에 클릭하면 사라집니다.

> **TIP**
>
> [텍스트 애니메이션] 탭에서 '텍스트 묶는 단위'를 [둘째 수준까지]로 설정하면 둘째 수준 이하 내용은 둘째 수준과 함께 애니메이션이 실행됩니다.

4 [슬라이드 쇼] 단추(🖵)를 클릭하여 슬라이드 쇼를 실행합니다. 애니메이션에서 본문의 텍스트가 재생된 후 다음 내용이 나올 때 회색으로 변경되는지 확인하세요.

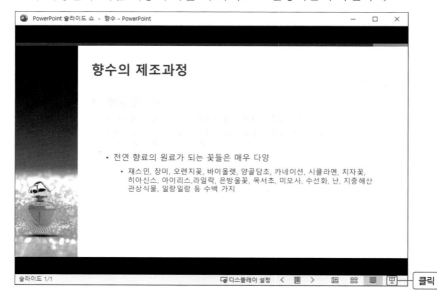

Power Point 05 경로를 따라 이동하는 애니메이션 만들기

◉ **예제파일**: 나비_이동경로.pptx   ◉ **완성파일**: 나비_이동경로_완성.pptx

1 화면 왼쪽의 나비를 선택하고 [애니메이션] 탭-[애니메이션] 그룹의 [자세히] 단추(▽)를 클릭한 후 **[추가 이동 경로]**를 선택하세요.

2 [이동 경로 변경] 대화상자가 열리면 '직선 및 곡선 경로'의 [작아지는 물결]을 선택하고 [확인]을 클릭하세요.

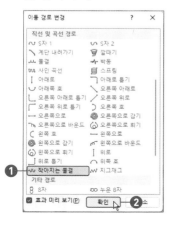

문서작성

텍스트

스마트아트그래픽

도형/도해

그림/표/차트

오디오/비디오

애니메이션

슬라이드쇼

테마디자인

저장/인쇄

3 나비 옆으로 애니메이션의 이동 경로가 나타나는지 확인하고 종료 지점의 조절점을 오른쪽으로 드래그하여 이동 경로를 가로로 길게 수정하세요. 그런 다음 [애니메이션] 탭-[애니메이션] 그룹에서 [추가 효과 옵션 표시] 아이콘(🔽)을 클릭하세요.

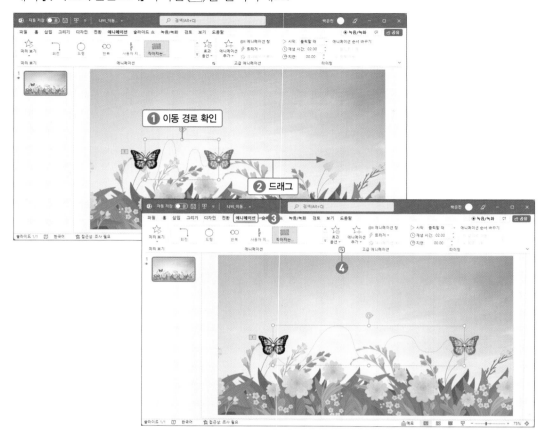

4 [작아지는 물결] 대화상자가 열리면 [효과] 탭의 '부드럽게 시작'과 '부드럽게 종료'의 값을 [0초]로 지정하세요. 그런 다음 [타이밍] 탭을 선택하고 '재생 시간'에서 [3초(느리게)]를 선택한 후 [확인]을 클릭하세요.

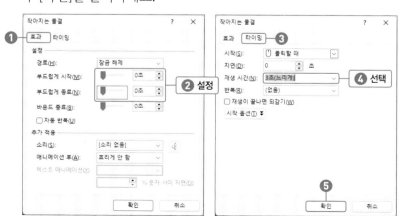

TIP

'부드럽게 시작', '부드럽게 종료'가 설정되어 있으면 애니메이션이 시작되거나 종료될 때 부드럽게 움직입니다. 그 대신 중간 부분에서는 애니메이션이 조금 더 빠르게 실행됩니다.

5 [애니메이션] 탭-[미리보기] 그룹에서 [미리보기]를 클릭하여 애니메이션을 확인해보세요.

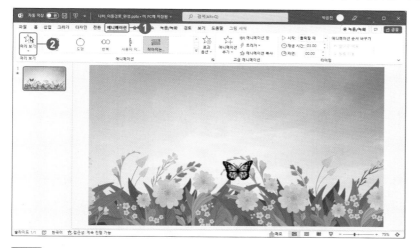

TIP

애니메이션을 확인하는 세 가지 방법

- F5 를 눌러 슬라이드 쇼를 실행한다
- 쇼 보기(☑)를 클릭하여 슬라이드 쇼를 실행한다
- 읽기용 보기(▣)를 클릭하여 슬라이드 쇼를 실행한다

잠깐만요 > 이동 경로 애니메이션의 위치 지정 방법

이동 경로 애니메이션을 적용하면 개체가 마지막으로 이동할 위치에 투명한 이미지(고스트 이미지)가 나타납니다. ▷은 애니메이션의 시작 위치를, 점선은 애니메이션이 재생될 때 이동하는 경로를, ◁은 애니메이션이 끝나는 마지막 위치를 나타냅니다.

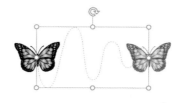

06 차트와 스마트아트 그래픽에 애니메이션 설정하기

● **예제파일**: 보안_애니메이션.pptx   ● **완성파일**: 보안_애니메이션_완성.pptx

1 1번 슬라이드의 차트를 선택하고 [애니메이션] 탭-[애니메이션] 그룹에서 [자세히] 단추(▽)를 클릭한 후 '나타내기'의 [닦아내기]를 선택하세요. 슬라이드 쇼 단추를 클릭하여 애니메이션 효과를 확인해보고 [Esc]를 누르세요.

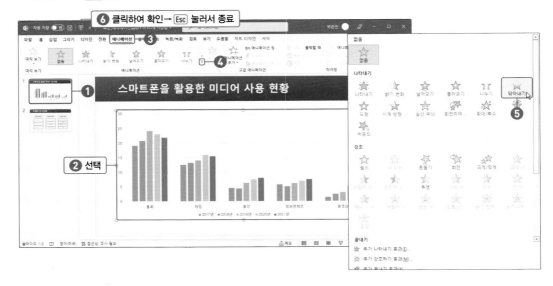

2 슬라이드로 되돌아온 다음, [애니메이션] 탭-[애니메이션] 그룹에서 [효과 옵션]을 클릭하고 '시퀀스'의 [항목별로]를 선택하세요.

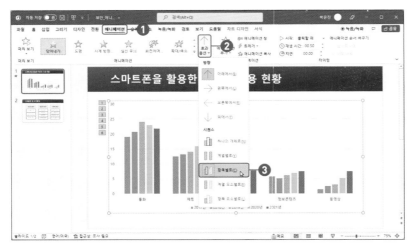

3 [애니메이션] 탭-[미리 보기] 그룹의 [미리 보기]를 클릭하여 설정한 애니메이션을 확인하세요.

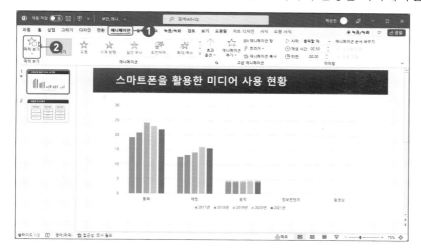

4 2번 슬라이드의 스마트아트 그래픽을 선택하고 [애니메이션] 탭-[애니메이션] 그룹의 [자세히] 단추 (▽)를 클릭한 후 '나타내기'의 [확대/축소]를 선택하세요. 슬라이드 쇼 단추를 클릭하여 애니메이션 효과를 확인해보고 Esc를 누르세요.

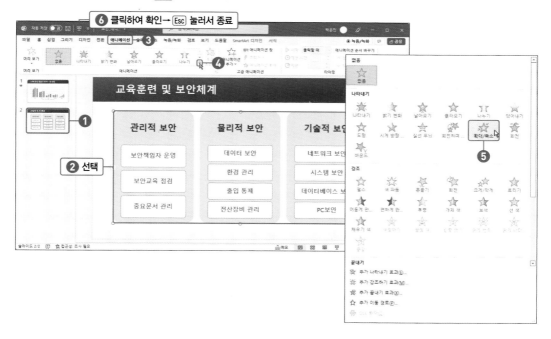

문서서식

텍스트

스마트아트그래픽

도형/도해

그림/표/차트

오디오/비디오

애니메이션

슬라이드쇼

테마디자인

저장/인쇄

5 슬라이드로 되돌아온 다음, [애니메이션] 탭-[애니메이션] 그룹에서 [효과 옵션]을 클릭하고 '시퀀스'의 [수준(한 번에)]를 선택하세요.

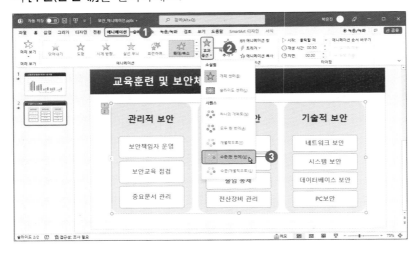

6 [미리보기] 또는 [슬라이드 쇼]를 실행하여 설정한 애니메이션을 확인하세요.

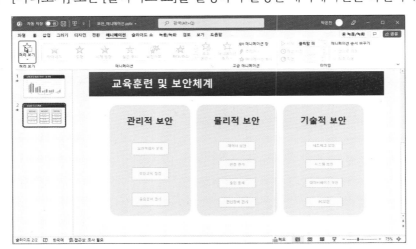

Power Point 07 선택한 순서대로 화면에 설명 표시하기

● **예제파일**: 관람률.pptx ● **완성파일**: 관람률_완성.pptx

1 항상 정해진 순서대로 애니메이션이 똑같이 실행되는 것이 아니라 사용자의 선택에 따라 애니메이션의 순서를 다르게 실행할 수 있어요. F5 나 [슬라이드 쇼] 단추(🖵)를 클릭하여 슬라이드 쇼를 실행하여 설정된 애니메이션을 확인하고 Shift 를 이용해 첫 번째 파란색 파이 도형과 숫자 텍스트를 함께 선택합니다. [애니메이션] 탭-[고급 애니메이션] 그룹에서 [트리거]를 클릭한 후 [클릭할 때]-[영화]를 선택하세요.

▶영상강의◀

TIP

트리거(trigger)는 '방아쇠', '도화선', '촉발하다'는 뜻으로, 개체나 책갈피를 클릭하면 애니메이션이 실행되도록 설정하는 기능이에요.

2 Shift 를 이용해 두 번째 주황색 파이 도형과 숫자 텍스트를 함께 선택합니다. [애니메이션] 탭-[고급 애니메이션] 그룹에서 [트리거]를 클릭하고 [클릭할 때]-[음악]을 선택하세요.

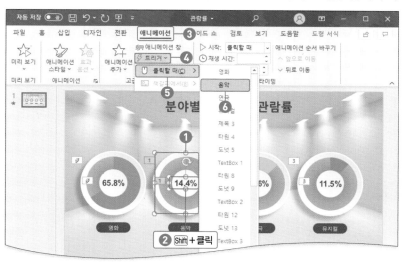

3 이와 같은 방법으로 세 번째 파이 도형과 숫자에는 '연극' 트리거를, 네 번째 파이 도형과 숫자에는 '뮤지컬' 트리거를 설정하세요.

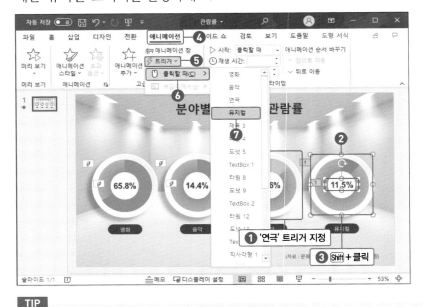

TIP

[홈] 탭-**[편집]** 그룹에서 **[선택]**을 클릭하고 **[선택 창]**을 선택하여 **[선택]** 작업 창을 열면 해당 개체의 이름을 알아보기 쉽게 변경할 수 있어요.

4 [슬라이드 쇼] 단추(🖵)를 클릭하여 슬라이드 쇼를 실행하고 아래쪽 트리거들을 무작위로 클릭하여 지정한 애니메이션이 실행되는지 확인하세요.

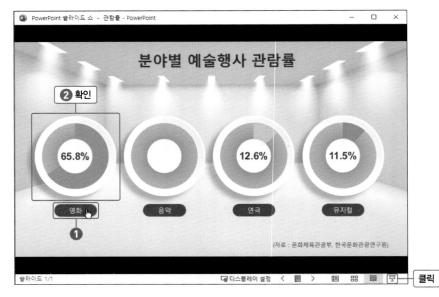

잠깐만요 > 하나의 개체에 두 개 이상의 애니메이션 효과 지정하기

이미 애니메이션이 적용된 개체에 애니메이션을 추가로 설정할 때는 [애니메이션] 탭-[고급 애니메이션] 그룹에서 [애니메이션 추가]를 선택하여 애니메이션을 지정해야 합니다.

❶ 첫 번째 애니메이션: [애니메이션] 탭-[애니메이션] 그룹에서 [자세히] 단추(▽)를 클릭해서 지정
❷ 두 번째 애니메이션: [애니메이션] 탭-[고급 애니메이션] 그룹에서 [애니메이션 추가]를 클릭해서 지정

1. 애니메이션 반복하여 복사하기

애니메이션이 적용된 개체를 선택하고 [애니메이션] 탭-[고급 애니메이션] 그룹에서 [애니메이션 복사]를 클릭하세요. 마우스 포인터가 ⬚♣ 모양으로 변경되었을 때 다른 개체를 클릭하면 애니메이션이 그대로 복사됩니다. [애니메이션 복사]를 더블클릭하면 Esc 를 누를 때까지 반복해서 계속 애니메이션을 복사할 수 있어요.

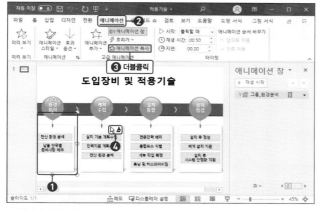

▲ [애니메이션 복사]를 더블클릭하여 반복해서 애니메이션 복사하기

2. 애니메이션 제거하기   ◉ **예제파일**: 적용기술.pptx

애니메이션을 제거하려면 다음 중 한 가지 방법을 사용하세요.

방법 1 [애니메이션 창]에서 애니메이션 목록 선택 후 Delete
방법 2 [애니메이션 창]에서 애니메이션 목록 선택 → 목록 단추(▼) 클릭 → [제거] 선택
방법 3 [애니메이션] 탭-[애니메이션] 그룹에서 [없음] 선택

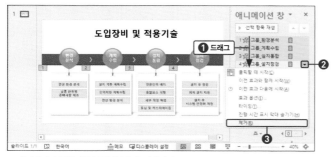

▲ 애니메이션 목록 단추 클릭 후 [제거] 선택하기

03 슬라이드 쇼에 멋진 화면 전환 효과 지정하기

화면 전환 효과는 프레젠테이션을 실행하는 도중에 한 슬라이드에서 다른 슬라이드로 이동할 때 발생하는 시각적 효과를 말해요. 화면 전환 효과를 이용하면 좀 더 역동감 있는 프레젠테이션을 완성할 수 있어요. 파워포인트에서는 발표자 도구를 비롯해서 다양한 슬라이드 쇼 기능을 활용하여 발표자가 더욱 매끄러운 슬라이드 쇼를 완성하여 진행할 수 있도록 도와줍니다. 이번 섹션에서는 다양한 화면 전환 효과를 지정해 보고 발표자의 프레젠테이션 진행을 돕는 발표자 도구 사용에 대해 배워봅니다.

PREVIEW

▲ 화면 전환 효과 설정하기

▲ 발표자 도구 사용하기

Power Point 01 슬라이드에 화면 전환 효과 지정하기

● **예제파일**: 마케팅_전환효과.pptx ● **완성파일**: 마케팅_전환효과_완성.pptx

1 1번 슬라이드를 선택하고 [전환] 탭-[슬라이드 화면 전환] 그룹에서 [자세히] 단추(▼)를 클릭한 후 '화려한 효과'에서 [갤러리]를 선택하세요. F5 를 눌러 슬라이드 쇼를 실행한 후 화면 전환 효과를 확인하세요.

2 [전환] 탭-[슬라이드 화면 전환] 그룹에서 [효과 옵션]을 클릭하고 [왼쪽에서]를 선택하세요. F5 를 눌러 슬라이드 쇼를 실행한 후 화면 전환 방향을 확인하세요.

> **TIP**
>
> 화면 전환 효과의 종류에 따라 [효과 옵션]에서 선택할 수 있는 목록이 다르게 나타납니다. 화면 전환 효과의 종류를 바꾸어 적용한 후 [효과 옵션]을 확인하세요.

02 모든 슬라이드의 화면 전환 속도 변경하기

● **예제파일**: 마케팅_전환속도.pptx ● **완성파일**: 마케팅_전환속도_완성.pptx

1 1번 슬라이드를 선택하고 [전환] 탭-[타이밍] 그룹에서 '기간'을 [02.00](초)로 지정하세요. 모든 슬라이드의 화면 전환 속도를 똑같이 적용하기 위해 [전환] 탭-[타이밍] 그룹에서 [모두 적용]을 클릭하세요.

TIP

'기간' 값이 작을수록 슬라이드의 전환 속도가 빨라져요. 슬라이드에 화면 전환이나 애니메이션 효과를 지정하면 화면의 왼쪽 슬라이드에 있는 축소판 그림 창에서 슬라이드 번호의 아래쪽에 ⭐ 모양이 나타납니다.

2 슬라이드 쇼를 실행한 후 설정한 화면 전환 효과가 모든 슬라이드에 적용되었는지 확인하세요.

03 모핑 전환 기능으로 특수 효과 연출하기

◉ **예제파일**: 모핑.pptx   ◉ **완성파일**: 모핑_완성.pptx

1 모핑 전환을 사용하면 화면 전환에 더욱 특별한 애니메이션 효과를 줄 수 있어요. 이때 공통된 개체가 하나 이상 포함된 두 개의 슬라이드가 있어야 합니다. 1번 슬라이드를 선택하고 슬라이드 축소판 그림 창에서 Ctrl+D를 누르세요.

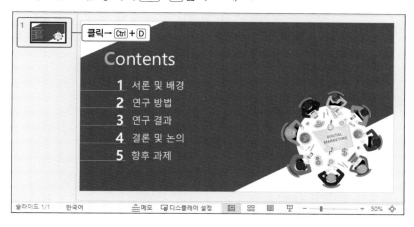

▶영상강의◀

TIP

모핑 전환은 파워포인트 2019 또는 M365 구독자만 사용할 수 있는 기능이에요.

2 복제한 2번 슬라이드에서 목차의 1번을 제외한 나머지 내용을 모두 삭제하고 1번의 위치를 위쪽으로 이동하세요.

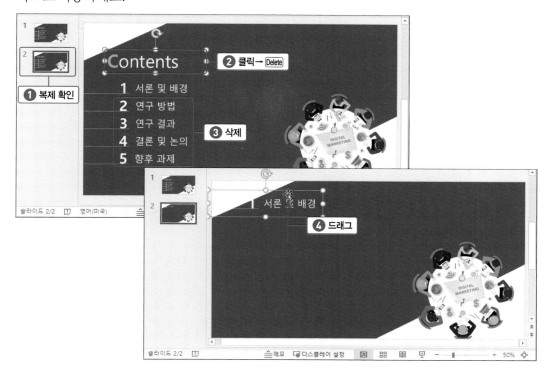

189

3 슬라이드의 왼쪽과 오른쪽에 있는 흰색 삼각형의 크기를 약간 줄여서 배치하세요.

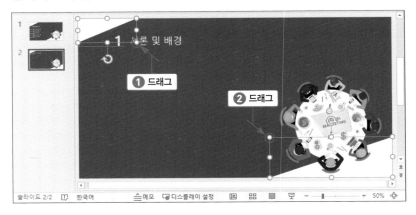

4 오른쪽 아래에 있는 그림의 크기를 약간 작게 조절하세요.

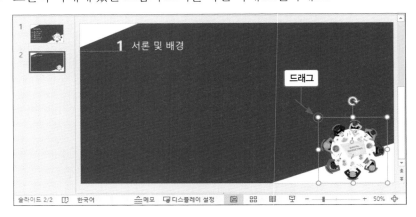

5 2번 슬라이드를 선택한 상태에서 **[전환] 탭–[슬라이드 화면 전환]** 그룹의 **[모핑]**을 클릭합니다. 이때 모핑 전환 효과는 복제된 2번 슬라이드에 적용하세요.

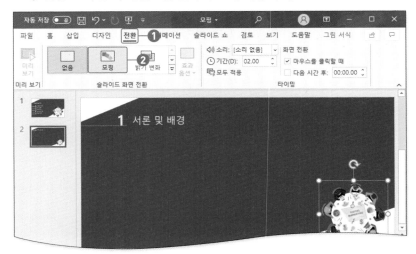

6 F5 를 눌러 처음 슬라이드부터 슬라이드 쇼를 실행한 후 모핑 전환으로 화면이 전환되는지 확인하세요.

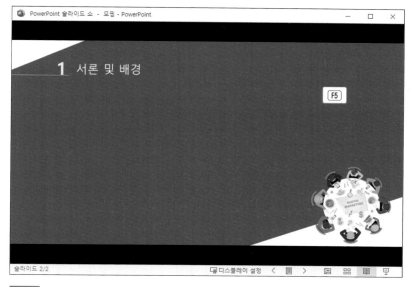

TIP

두 슬라이드에 공통으로 사용된 개체라면 그림, 도형, 텍스트, 스마트아트 그래픽 등 모두 모핑 전환 효과를 표현할 수 있습니다. 하지만 차트에는 모핑 효과가 표현되지 않습니다.

문서서식
텍스트
스마트아트그래픽
도형/도해
그림/표/차트
오디오/비디오
애니메이션
슬라이드쇼
템플릿디자인
저장/인쇄

잠깐만요 > 슬라이드 쇼에 자주 사용하는 단축키 알아보기

슬라이드 쇼 실행 중에 F1 을 누르면 도움말을 확인할 수 있어요.

단축키 또는 동작	기능
마우스 왼쪽 단추 클릭, Spacebar, →, ↓, Enter, PgDn	다음 슬라이드
Backspace, ←, ↑, PgUp	이전 슬라이드
숫자 입력 후 Enter	숫자에 해당하는 슬라이드로 이동
Esc	슬라이드 쇼 종료
Ctrl + S	[모든 슬라이드] 대화상자 표시
B	화면을 검은색으로 설정/취소
W	화면을 흰색으로 설정/취소
Ctrl + L 또는 Ctrl +마우스 왼쪽 단추 클릭	마우스 포인터를 레이저 포인터로 변경
Home	첫 번째 슬라이드로 이동
End	마지막 슬라이드로 이동

Power Point 04 자동으로 실행되는 프레젠테이션 만들기

● **예제파일**: 향수_자동.pptx   ● **완성파일**: 향수_자동_완성.pptx

1 1번 슬라이드를 선택하고 **[슬라이드 쇼] 탭-[설정] 그룹**에서 **[예행 연습]**을 클릭하여 프레젠테이션을 시작하세요.

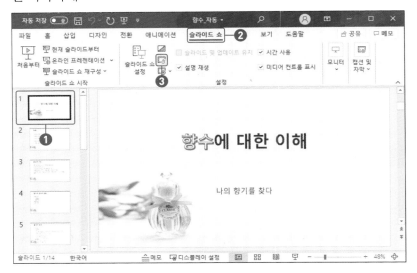

2 프레젠테이션 예행 연습이 진행되는 동안 화면의 왼쪽 위에 있는 슬라이드 시간 상자에 진행 시간이 기록됩니다. 실제 프레젠테이션을 진행하는 것처럼 설명 시간을 고려하면서 마우스 왼쪽 단추를 클릭하여 마지막 슬라이드까지 이동하세요. 슬라이드 쇼에서 예행 연습으로 기록한 시간을 저장할 것인지를 묻는 메시지 창이 열리면 **[예]**를 클릭하세요.

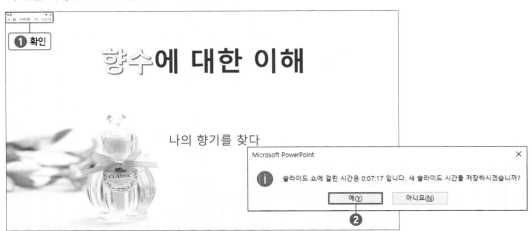

3 [여러 슬라이드] 단추(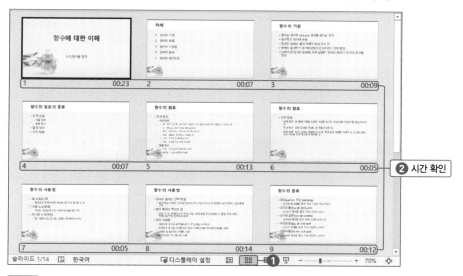)를 클릭하여 여러 슬라이드 보기 화면으로 변경한 후 각 슬라이드마다 오른쪽 아래에 설정된 시간이 표시되었는지 확인하세요. 슬라이드 쇼를 진행하다가 마우스로 화면을 클릭하거나 설정된 시간이 되면 다음 화면으로 전환됩니다.

TIP

[전환] 탭-[타이밍] 그룹에서 '화면 전환'의 [다음 시간 후]에 체크되어 있고 시간이 설정된 것을 확인할 수 있습니다. 쇼 진행 상황에 따라 시간은 달라질 수 있으며 시간을 수정하고 싶으면 여기서 직접 변경할 수 있어요.

4 계속 반복되는 슬라이드 쇼를 만들려면 **[슬라이드 쇼] 탭-[설정] 그룹**에서 **[슬라이드 쇼 설정]**을 클릭하세요.

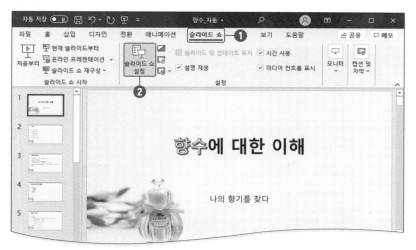

TIP

슬라이드 축소판 그림 창에서 숨기려는 슬라이드를 선택하고 마우스 오른쪽 단추를 클릭한 후 [슬라이드 숨기기]를 선택하세요. 그러면 프레젠테이션을 진행하는 동안 숨기기한 슬라이드가 표시되지 않아요. 다시 한 번 [슬라이드 숨기기]를 선택하면 슬라이드 숨기기가 취소됩니다.

발표자 도구로 전문가처럼 프레젠테이션 발표하기

05

◉ **예제파일**: 향수.pptx

1 컴퓨터에 빔 프로젝트를 연결하면 여러 대의 모니터가 자동으로 인식됩니다. 슬라이드 쇼를 진행할 때 발표자의 모니터 화면에서 발표자 도구를 보려면 **[슬라이드 쇼] 탭-[모니터] 그룹**에서 **[발표자 보기 사용]**에 체크하고 **'모니터'**에는 슬라이드 쇼를 표시할 모니터로 **[자동]**을 지정하세요.

2 3번 슬라이드를 선택하고 **[보기] 탭-[표시] 그룹**에서 **[슬라이드 노트]**를 선택하여 슬라이드 노트 창을 열면 슬라이드 노트에 입력된 내용을 볼 수 있습니다. 다른 슬라이드에도 슬라이드 노트에 필요한 내용을 메모할 수 있어요.

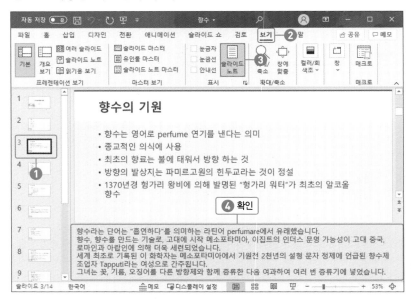

TIP

슬라이드 창과 노트 창의 경계선에 마우스 포인터를 올려놓고 창 크기를 조절하거나, 상태 표시줄에서 [기본] 단추(□)의 왼쪽에 있는 [슬라이드 노트](◰메모)를 클릭해도 슬라이드 노트 창을 열 수 있어요.

3 슬라이드 쇼를 실행하면 청중에게는 슬라이드만 표시되지만, 발표자는 별도의 화면에 표시되는 발표자 도구를 이용해 슬라이드 노트를 볼 수 있습니다. 단일 모니터에서 발표자 도구를 보려면 슬라이드 쇼를 실행하고 마우스 오른쪽 단추를 클릭한 후 [발표자 보기 표시]를 선택하세요.

4 발표자 보기 화면의 왼쪽에는 타이머와 현재 슬라이드가, 오른쪽에는 다음 슬라이드와 함께 아래쪽에 슬라이드 노트가 표시되는지 확인하세요.

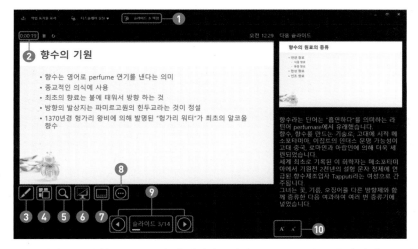

❶ 슬라이스 쇼 마침　　❷ 펜 및 레이저 포인터 도구　　❸ 모든 슬라이드 보기　　❹ 슬라이드 확대
❺ 슬라이드 쇼를 검정으로 설정/취소합니다.　　❻ 자막 켜기/끄기　　❼ 슬라이드 쇼 옵션 더 보기
❽ 이전/다음 애니메이션이나 슬라이드 보기, 모든 슬라이드 보기　❾ 텍스트 확대/축소　❿ 타이머 시간 표시

잠깐만요 > 슬라이드 쇼에서 펜 활용하기

단축키	기능	단축키	기능
Ctrl + P	포인터를 펜으로 변경	Ctrl + I	포인터를 형광펜으로 변경
Ctrl + A	포인터를 화살표로 변경	Ctrl + E	포인터를 지우개로 변경
Ctrl + M	잉크 표시/숨기기	E	화면에서 그림 지우기
Ctrl + L 또는 Ctrl + 클릭	포인터를 레이저 포인터로 변경		

비디오의 중간 부분만 빼고 재생하기

비디오 트리밍 기능을 사용하면 비디오 클립 중 원하는 구간만 재생할 수 있습니다. 하지만 반드시 연속된 구간만 가능하며, 중간의 일부 구간만 제외하고 재생하는 기능은 없어요. 이때 두 개의 슬라이드에 비디오를 복사하여 삽입한 후 각각 트리밍 구간을 지정하면 중간에 필요 없는 부분을 제외하고 재생할 수 있어요.

1 비디오 중간에 나오는 꽃 영상을 제외하고 나머지 부분만 재생해 볼게요. 삽입한 비디오를 선택하고 [재생] 탭-[비디오 옵션] 그룹에서 '시작'을 [자동 실행]으로 지정한 후 [재생] 탭-[편집] 그룹에서 [비디오 트리밍]을 클릭하세요.

2 [비디오 트리밍] 대화상자가 열리면 '종료 시간'을 [15초(00:15)]로 지정하고 [확인]을 클릭하세요.

3 [전환] 탭-[타이밍] 그룹에서 [다음 시간 후]에 체크하세요. [00:00.00]으로 설정되어 있지만 비디오 재생에 필요한 시간이 지나면 자동으로 다음 슬라이드로 전환됩니다.

4 슬라이드 축소판 그림 창에서 1번 슬라이드를 선택하고 Ctrl+D를 눌러 복제합니다. 2번 슬라이드에 삽입된 비디오를 선택하고 [재생] 탭-[편집] 그룹에서 [비디오 트리밍]을 클릭하세요.

5 [비디오 트리밍] 대화상자가 열리면 '시작 시간'은 [25.156](초)로, '종료 시간'은 맨 마지막인 [40.171](초)까지 재생되도록 지정하고 [확인]을 클릭하세요.

6 F5 를 눌러 슬라이드 쇼를 실행하고 동영상의 가운데 부분만 제외하고 재생되는지 확인하세요. 만약 중간에 제외할 영역이 두 개 이상이면 슬라이드를 한 번 더 복제한 후 이 과정을 반복하세요.

CHAPTER 04

프레젠테이션의 문서 관리 기술 익히기

파워포인트에서 제공하는 테마와 슬라이드 마스터를 활용하면 프레젠테이션 문서를 전문가 수준으로 세련되게 디자인할 수 있어요. 또한 수정 및 편집이나 문서 관리도 편리해서 업무의 효율성을 더욱 높일 수 있죠. 파워포인트는 사용 목적 및 용도가 점차 다양해지면서 파일의 저장 형식과 인쇄 모양도 좀 더 다양하게 제공되고 있어요. 이번 장에서는 파워포인트의 기본인 슬라이드 마스터의 활용법과 다양한 인쇄 및 저장 기능에 대해 알아보겠습니다. 이번 장이 어렵게 느껴질 수도 있지만, 제대로 알면 문서를 디자인하고 관리하는 능력을 한층 업그레이드할 수 있으므로 잘 익혀보세요.

PowerPoint

01 테마와 마스터로 프레젠테이션 디자인 관리하기

슬라이드 마스터는 배경과 색, 글꼴, 효과, 개체 틀의 크기와 위치뿐만 아니라 프레젠테이션의 테마 및 슬라이드 레이아웃 정보를 저장하는 슬라이드 계층 구조의 최상위 슬라이드입니다. 이것은 초보자에게 어려울 수 있지만, 제대로 사용할 줄 알면 여러 개의 슬라이드에 공통적으로 적용되는 요소를 통일하여 업무의 효율성을 크게 높일 수 있습니다. 이번 섹션에서는 슬라이드 마스터의 개념에 대해 이해하면서 슬라이드 마스터를 익숙하게 사용할 수 있는 필수 예제를 실습해 봅니다.

PREVIEW

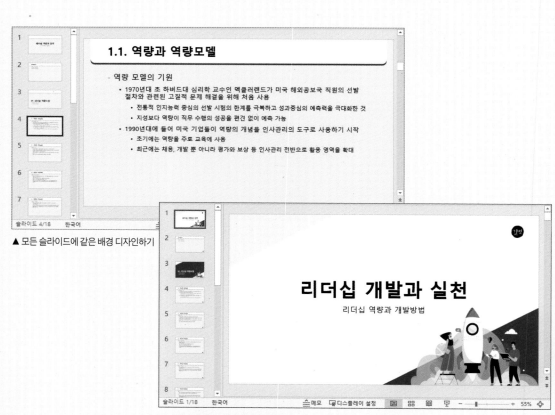

▲ 모든 슬라이드에 같은 배경 디자인하기

▲ 표지 슬라이드만 특별하게 디자인하기

섹션별 주요 내용

Power Point **01**

슬라이드 마스터와 슬라이드 레이아웃 이해하기

● **예제파일**: 새 프레젠테이션 문서에서 작업하세요.

1 | 슬라이드 마스터 보기로 이동하기

모든 슬라이드에 배경이나 로고 같은 이미지를 포함하거나 글꼴 서식을 지정하려면 '슬라이드 마스터'라는 위치에서 이러한 변경 내용을 수행하여 모든 슬라이드에 적용할 수 있습니다. 슬라이드 마스터 보기를 열려면 **[보기] 탭-[마스터 보기] 그룹**에서 **[슬라이드 마스터]**를 선택하세요.

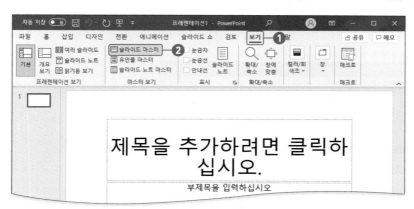

▶영상강의◀

TIP

Shift를 누른 상태에서 [기본] 단추(回)를 클릭해도 슬라이드 마스터 보기로 이동할 수 있어요.

2 | 슬라이드 마스터와 슬라이드 레이아웃 이해하기

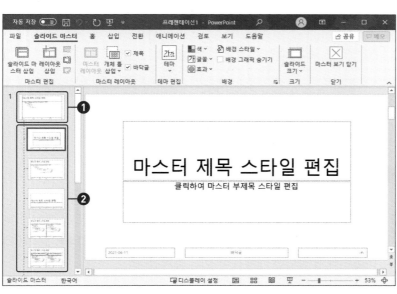

❶ **슬라이드 마스터**: 슬라이드 마스터는 슬라이드 레이아웃의 상위 개념으로, 모든 슬라이드에 공통으로 적용할 디자인 요소(배경 그림, 로고, 글꼴 서식, 글머리 기호 모양, 줄 간격 등)를 작업하는 공간이에요. 일반적으로 가장 많은 부분을 차지하는 본문 디자인을 슬라이드 마스터에서 작업합니다.

❷ **슬라이드 레이아웃**: 슬라이드 마스터에 소속된 하위 디자인으로, 슬라이드 마스터와 구분하여 다른 모양으로 디자인할 수 있어요. '제목 슬라이드 레이아웃'에는 주로 '표지' 디자인을, '구역 머리글 레이아웃'에는 주로 '간지' 디자인을 작업하고, 필요에 따라 목차와 엔딩 등의 레이아웃을 디자인할 수 있어요.

3 | 슬라이드 마스터에 개체 삽입하기

슬라이드 마스터를 선택하고 [홈] 탭-[그리기] 그룹에서 [직사각형](□)을 선택한 후 슬라이드 위쪽의 제목 부분을 드래그하여 사각형 도형을 그려보세요. 슬라이드 마스터에서 도형을 그리면 아래에 점선으로 연결된 모든 슬라이드 레이아웃에도 같은 도형이 자동으로 삽입됩니다.

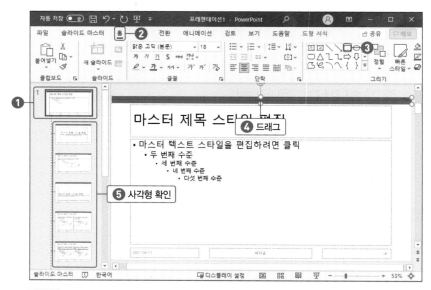

> **TIP**
> [홈] 탭-[그리기] 그룹에 [자세히] 단추(▽)를 클릭한 후 '사각형'에서 [직사각형](□)을 선택해도 사각형을 그릴 수 있어요.

4 | 개체 이동 및 삭제하기

'제목 슬라이드 레이아웃'을 선택하고 슬라이드 마스터에서 삽입한 도형을 선택하면 선택되지 않아요. 이 개체를 이동하거나 삭제하려면 [슬라이드 마스터] 탭-[배경] 그룹에서 [배경 그래픽 숨기기]에 체크하세요. 그러면 슬라이드 마스터에서 삽입한 개체들이 모두 숨겨집니다.

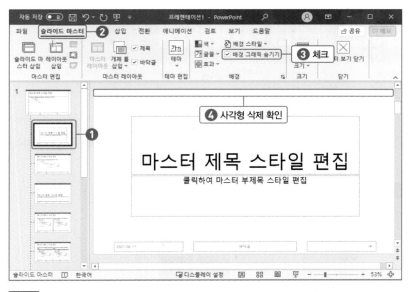

슬라이드 마스터에서 삽입한 개체가 두 개 이상일 경우 일부분만 선택해서 삭제할 수 없어요. 이 경우에는 모두 숨긴 후 필요한 개체만 원하는 레이아웃에서 다시 삽입해야 합니다.

5 | 기본 보기로 되돌아오기

슬라이드 마스터에서 기본 보기로 되돌아오려면 [슬라이드 마스터] 탭-[닫기] 그룹에서 [마스터 보기 닫기]를 클릭하세요.

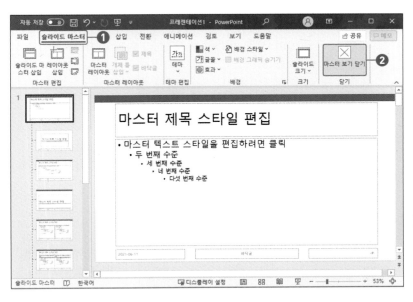

[기본] 단추(回)를 클릭해도 기본 보기로 되돌아올 수 있어요.

02 슬라이드 마스터 디자인하기

● **예제파일**: 리더십_마스터.pptx　　● **완성파일**: 리더십_마스터_완성.pptx

1 Shift를 누른 상태에서 [기본] 단추(回)를 클릭합니다. 슬라이드 마스터 보기로 이동하면 '슬라이드 마스터'를 선택하고 **[슬라이드 마스터] 탭-[배경] 그룹**에서 **[배경 스타일]**을 클릭한 후 **[배경 서식]**을 선택하세요.

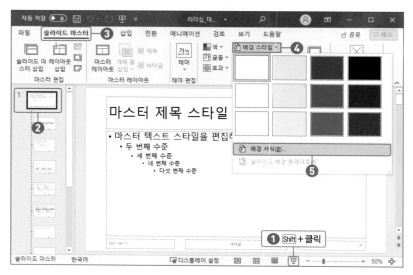

> **TIP**
> 슬라이드의 빈 공간에서 마우스 오른쪽 단추를 클릭하고 [배경 서식]을 선택해도 '배경 서식'으로 이동합니다.

2 화면의 오른쪽에 [배경 서식] 작업 창이 열리면 [채우기](◇)에서 [그림 또는 질감 채우기]를 선택하고 [삽입]을 클릭하세요.

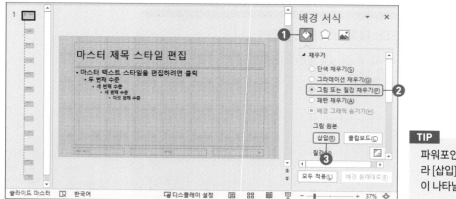

> **TIP**
> 파워포인트 버전에 따라 [삽입]이 아닌 [파일]이 나타날 수 있어요.

3 [그림 삽입] 대화상자가 열리면 [파일에서]를 선택하세요.

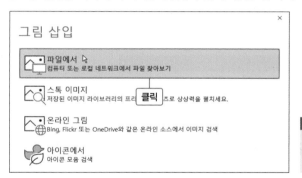

TIP
버전에 따라 [그림 삽입] 대화상자의 모양이 조금 씩 다를 수 있어요.

4 [그림 삽입] 대화상자가 열리면 부록 실습파일에서 '본문.png'를 선택하고 [삽입]을 클릭하세요.

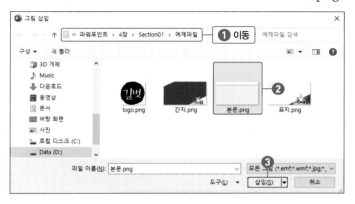

5 모든 슬라이드에 슬라이드 마스터와 같은 배경 그림이 삽입되었으면 슬라이드 마스터의 '제목 개체 틀'을 선택하고 배경 이미지에서 흰색 공간의 가운데로 위치를 이동합니다. **[홈] 탭-[글꼴] 그 룹**에서 **[글꼴 크기 작게]**를 두 번 클릭하여 **'글꼴 크기'**를 **[36]**으로 지정하고 **[굵게]**를 클릭하세요.

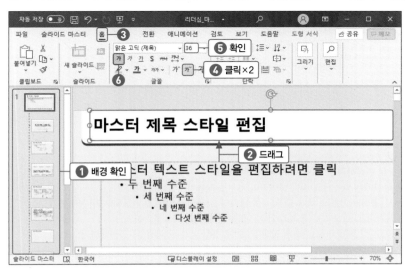

6 이번에는 내용 개체 틀을 선택하고 [홈] 탭−[글꼴] 그룹에서 [글꼴 크기 작게]를 한 번 클릭하여 '글꼴 크기'를 [16+]로 지정하세요. 내용 개체 틀의 크기 조정 핸들을 위쪽으로 드래그하여 크기를 크게 조정하세요.

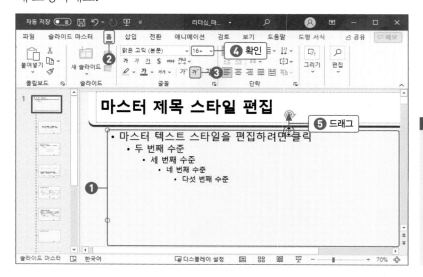

> **TIP**
>
> 본문은 각 수준마다 글꼴 크기가 다르므로 직접 크기 값을 입력하지 않고 [글꼴 크기 작게]나 [글꼴 크기 크게]를 클릭하여 현재 지정된 값보다 작게 또는 크게 변경하세요.

7 47쪽을 참고하여 내용 개체 틀에서 첫째 수준의 글머리 기호의 모양은 [−]로, 색은 '테마 색'의 [파랑, 강조 1]로 지정합니다. [홈] 탭−[단락] 그룹에서 [단락] 대화상자 표시 아이콘(ⵘ)을 클릭하세요.

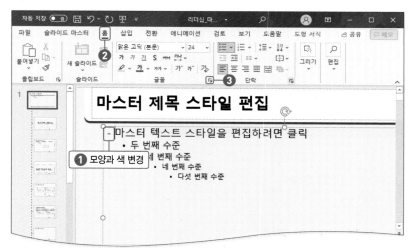

> **TIP**
>
> **글머리 기호의 모양을 −으로 변경하기**
> ❶ 글머리 기호의 모양을 바꾸려는 텍스트의 앞을 클릭하여 커서 올려놓기
> ❷ [홈] 탭−[단락] 그룹에서 [글머리 기호]의 목록 단추(ⵗ)를 클릭하고 [글머리 기호 및 번호 매기기] 선택하기
> ❸ [글머리 기호 및 번호 매기기] 대화상자의 [글머리 기호] 탭에서 [사용자 지정] 클릭하기
> ❹ [기호] 대화상자에서 '글꼴'은 [(현재 글꼴)], '하위 집합'은 [기본 라틴 문자] 선택하고 [−] 선택하기
> ❺ [글머리 기호 및 번호 매기기] 대화상자의 [글머리 기호] 탭으로 되돌아오면 '색'에서 색 선택하기

8 [단락] 대화상자가 열리면 [들여쓰기 및 간격] 탭의 '간격'에서 '단락 앞'은 [12pt]로, '단락 뒤'는 [0pt]로, '줄 간격'은 [1줄]로 지정하세요. [한글 입력 체계] 탭을 선택하고 [한글 단어 잘림 허용] 의 체크를 해제한 후 [확인]을 클릭하세요.

 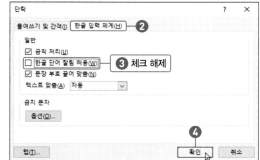

> **TIP**
>
> 슬라이드 마스터에서 글머리 기호, 줄 간격, 한글 단어 잘림 방지 등을 변경하면 모든 슬라이드에 자동으로 적용되어 슬라이드를 만들 때마다 다시 지정할 필요가 없어서 편리해요.

9 [기본] 단추(回)를 클릭하여 기본 보기로 이동하고 모든 슬라이드에 같은 배경 그림이 적용되었는지 확인하세요. 4번 슬라이드를 선택하고 흰색 제목 공간에 제목이 잘 입력되었는지, 본문 내용의 줄 간격과 글머리 기호, 줄 바꿈 등의 제대로 적용되었는지 확인하세요.

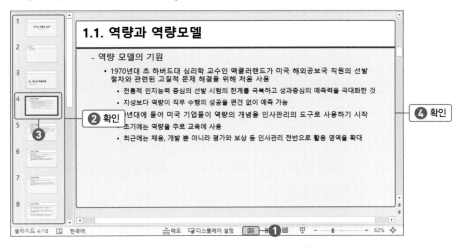

문서서식

텍스트

스마트아트그래픽

도형/도해

그림/표/차트

오디오/비디오

애니메이션

슬라이드쇼

템플릿디자인

저장/인쇄

03 모든 슬라이드에 로고 삽입하기

● **예제파일**: 리더십_로고.pptx   ● **완성파일**: 리더십_로고_완성.pptx

1 Shift를 누른 상태에서 [기본] 단추(回)를 클릭하여 슬라이드 마스터 보기로 이동하고 '슬라이드 마스터'를 선택한 후 **[삽입] 탭-[이미지] 그룹**에서 **[그림]-[이 디바이스]**를 선택하세요. [그림 삽입] 대화상자가 열리면 부록 실습파일에서 'logo.png'를 선택하고 [삽입]을 클릭하세요.

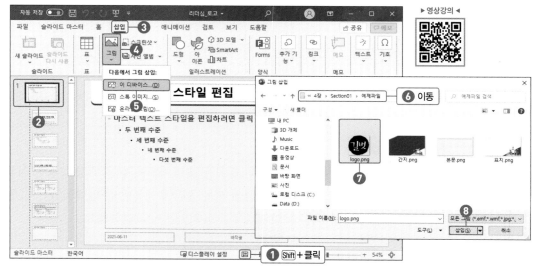

TIP

로고를 슬라이드마다 삽입한 후 복사하면 작업할 때 작업할 때 슬라이드에서 선택되어 실수로 이동하기 쉽습니다. 이 경우 발표할 때 로고가 움직이는 것처럼 보이므로 주의해야 하므로 로고 삽입과 같은 작업은 슬라이드 마스터에서 하는 것이 좋습니다.

2 로고가 삽입되면 삽입한 로고의 크기를 조금 줄이고 화면의 오른쪽 아래로 드래그하여 위치를 이동하세요. 슬라이드 마스터 보기에서 나머지 레이아웃을 차례대로 선택하면서 로고가 똑같은 위치에 제대로 적용되었는지 확인하세요.

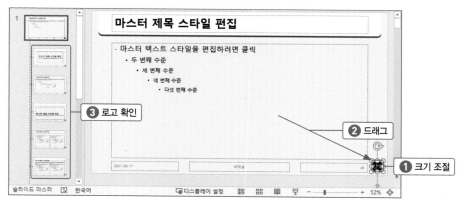

Power Point 04 특별하게 표지와 간지 슬라이드 디자인하기

● **예제파일**: 리더십_표지.pptx　　● **완성파일**: 리더십_표지_완성.pptx

1 Shift를 누른 상태에서 [기본] 단추(▣)를 클릭하여 슬라이드 마스터 보기로 이동합니다. '제목 슬라이드 레이아웃'을 선택하고 빈 공간에서 마우스 오른쪽 단추를 클릭한 후 [배경 서식]을 선택하세요. 화면의 오른쪽에 [배경 서식] 작업 창이 열리면 [채우기](🎨)의 [그림 또는 질감 채우기]를 선택하고 [삽입]을 클릭하세요.

▶영상강의◀

TIP

[슬라이드 마스터] 탭- [배경] 그룹에서 [배경 스타일]을 클릭하고 [배경 서식]을 선택해도 됩니다.

2 [그림 삽입] 창이 열리면 [파일에서]를 선택합니다. [그림 삽입] 대화상자가 열리면 부록 실습파일에서 '표지.png'를 선택하고 [삽입]을 클릭하여 본문의 배경과 구별되는 표지용 배경 이미지를 지정하세요.

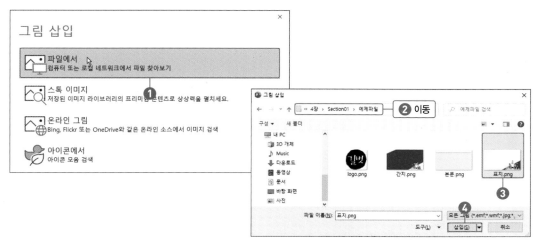

3 '슬라이드 마스터'가 아닌 '제목 슬라이드 레이아웃'에서 배경 이미지를 변경하면 다른 레이아웃에는 변화가 없고 '제목 슬라이드 레이아웃'의 배경 이미지만 바뀐 것을 확인할 수 있어요. 본문과는 다른 위치에 로고를 삽입하기 위해 **[슬라이드 마스터] 탭–[배경] 그룹**에서 **[배경 그래픽 숨기기]**에 체크하세요. 208쪽을 참고하여 로고를 삽입하고 슬라이드의 오른쪽 위로 위치를 이동하세요.

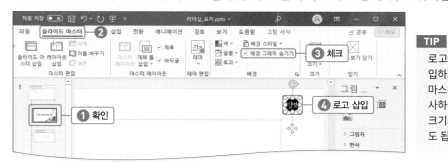

TIP

로고를 다시 그림 삽입하지 않고 '슬라이드 마스터'에서 로고를 복사하여 붙여넣기한 후 크기와 위치를 조정해도 됩니다.

4 '구역 머리글 레이아웃'을 선택하고 [배경 서식] 작업 창에서 [채우기](🖌)의 [그림 또는 질감 채우기]를 선택한 후 [삽입]을 클릭하세요.

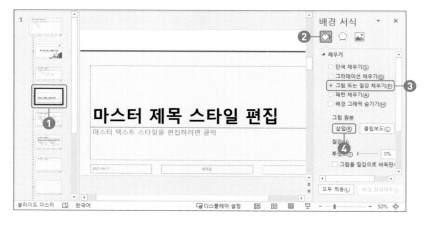

5 [그림 삽입] 창에서 [파일에서]를 선택합니다. [그림 삽입] 창이 열리면 부록 실습파일에서 '간지.png'를 선택하고 [삽입]을 클릭하세요.

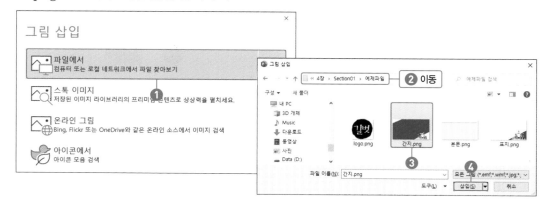

6 [배경 서식] 작업 창의 [닫기] 단추(×)를 클릭하여 닫습니다. Shift 를 이용하여 제목과 부제목 텍스트를 함께 선택하고 **[홈] 탭-[글꼴] 그룹**에서 **[글꼴 색]**을 '테마 색'의 **[흰색, 배경 1]**로 지정하세요.

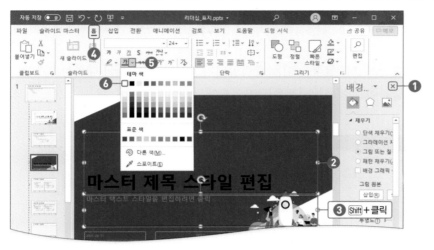

7 [기본] 단추(回)를 클릭하여 기본 보기 화면으로 이동하면 1번 슬라이드에는 '표지용' 배경이, 3번 슬라이드와 13번 슬라이드에는 '간지용' 배경이, 나머지 슬라이드에는 모두 '본문용' 배경이 설정된 것을 확인할 수 있어요. 표지와 다른 슬라이드의 로고 위치도 확인하세요.

8 **[홈] 탭-[슬라이드] 그룹**에서 **[새 슬라이드]**의 [새슬라이드]를 클릭하여 슬라이드 마스터에서 설정한 디자인이 레이아웃에 반영되었는지 확인합니다.

TIP

[슬라이드 마스터] 보기에서는 디자인만 미리 설정해 두고 [기본] 보기에서는 실제로 슬라이드를 삽입하고 내용을 작성해야 해요.

05 모든 슬라이드에 슬라이드 번호 삽입하기

● **예제파일**: 리더십_번호.pptx ● **완성파일**: 리더십_번호_완성.pptx

1 [삽입] 탭-[텍스트] 그룹에서 [머리글/바닥글]을 클릭합니다. [머리글/바닥글] 대화상자가 열리면 [슬라이드] 탭에서 [슬라이드 번호]와 [제목 슬라이드에는 표시 안 함]에 체크하고 [모두 적용] 을 클릭하세요.

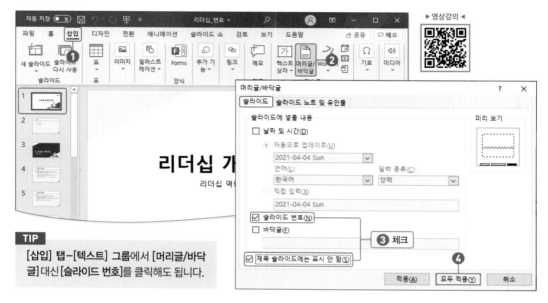

> **TIP**
>
> [삽입] 탭-[텍스트] 그룹에서 [머리글/바닥 글]대신 [슬라이드 번호]를 클릭해도 됩니다.

2 제목 슬라이드를 제외한 모든 슬라이드에 슬라이드 번호가 삽입되었으면 슬라이드 번호의 서 식과 위치를 변경해 볼게요. Shift를 누른 상태에서 [기본] 단추(□)를 클릭하세요.

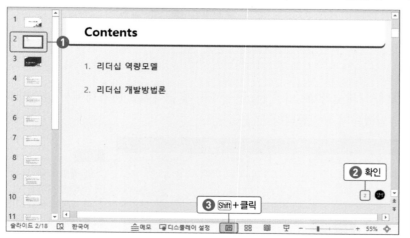

> **TIP**
>
> 슬라이드 번호의 위치 와 서식을 일반 슬라 이드에서 변경하려면 반복되는 작업을 모든 슬라이드마다 따로 작 업해야 하므로 슬라이 드 마스터에서 한꺼번 에 작업하는 것이 편 리해요.

3 마스터 보기 화면으로 변경되면 '슬라이드 마스터'를 선택하고 '슬라이드 번호' 개체를 선택한 후 로고의 위쪽으로 이동합니다. **[홈] 탭-[글꼴] 그룹**에서 **[글꼴 색]**의 목록 단추(▾)를 클릭하고 '테마 색'에서 **[파랑, 강조 1]**을 선택하세요.

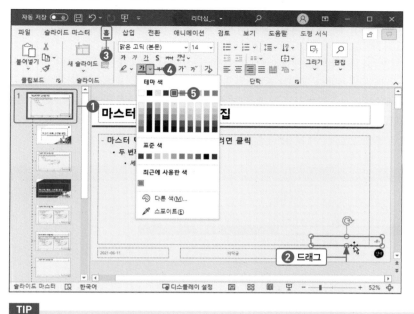

슬라이드 번호 개체에서 슬라이드 번호는 '#'으로 표시하고 시스템에서 자동으로 가져온 값이 입력됩니다.

4 **[기본] 단추(▭)**를 클릭하여 기본 보기 화면으로 되돌아온 후 모든 슬라이드에서 슬라이드 번호의 위치와 서식이 변경되었는지 확인하세요.

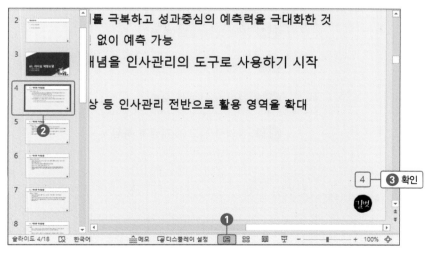

02 링크 이용해 유기적으로 이동하는 슬라이드 만들기

하이퍼링크를 이용하면 슬라이드 쇼에서 특정 텍스트나 객체를 클릭했을 때 다른 슬라이드나 파일로 이동하거나 인터넷 사이트로 연결할 수 있어요. 따라서 목차나 그림에 하이퍼링크를 설정해 놓으면 발표자가 프레젠테이션을 진행하면서 다른 프로그램이나 슬라이드로 쉽게 이동 가능합니다. 이번 섹션에서는 하이퍼링크를 이용하여 화면을 이동하는 방법뿐만 아니라 슬라이드 쇼를 재생하는 도중에 다른 프로그램을 실행하는 방법에 대해 배워봅니다.

PREVIEW

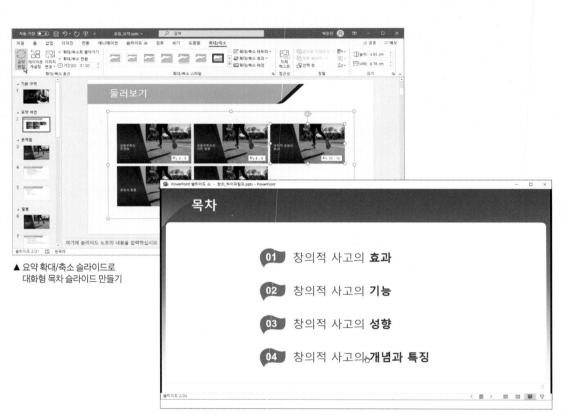

▲ 요약 확대/축소 슬라이드로
　대화형 목차 슬라이드 만들기

▲ 텍스트에 하이퍼링크 설정해 다른 슬라이드로 이동하기

**섹션별
주요 내용**　01 | 요약 확대/축소로 대화형 목차 슬라이드 만들기　02 | 구역으로 확대/축소하는 슬라이드 쇼 만들기
03 | 다른 슬라이드로 이동하는 링크 만들기　04 | 슬라이드 쇼 실행중 다른 문서 실행하기

01 요약 확대/축소로 대화형 목차 슬라이드 만들기

Power Point

● **예제파일**: 운동_요약.pptx ● **완성파일**: 운동_요약_완성.pptx

1 몇 개의 구역으로 나눠진 프레젠테이션들을 자유롭게 탐색하는 슬라이드를 만들어 볼게요. 슬라이드 축소판 그림 창의 이동 표시줄을 아래쪽으로 내리면서 구역이 어떻게 나눠져 있는지 확인하고 **[삽입]** 탭-**[링크]** 그룹에서 **[확대/축소]**-**[요약 확대/축소]**를 선택하세요.

▶ 영상강의 ◀

> **TIP**
>
> 이 기능은 오피스 2019 버전 또는 M365 구독자에 한해 사용할 수 있습니다. '요약 확대/축소'를 사용하려면 슬라이드를 미리 구역으로 나눠야 하는데, 구역을 나누는 방법은 37쪽을 참고하세요.

2 **[요약 확대/축소 삽입]** 대화상자가 열리면서 자동으로 각 구역의 시작 슬라이드가 선택되면 선택된 슬라이드를 확인하고 **[삽입]**을 클릭하세요.

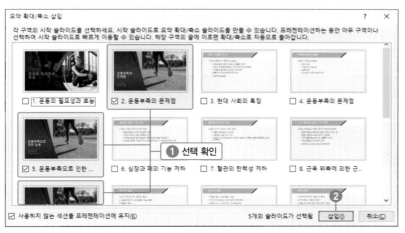

3 2번 슬라이드에 요약 확대/축소가 포함된 새 슬라이드가 만들어졌으면 제목에『둘러보기』를 입력하고 F5 를 눌러 처음부터 슬라이드 쇼를 실행하세요. 요약 섹션 슬라이드에서 슬라이드 섬네일을 마우스로 클릭하면 줌인(확대)되면서 선택한 구역의 내용이 슬라이드 쇼로 진행되다가 마지막 구역에서는 줌아웃(축소)되면서 다시 2페이지 요약 슬라이드로 되돌아옵니다. 요약 슬라이드에서 원하는 구역을 클릭하면 확대되면서 해당 구역의 슬라이드 쇼가 진행됩니다.

TIP
구역 단위의 섬네일이 포함된 새로운 슬라이드가 자동으로 삽입됩니다.

4 Esc 를 눌러 원래 화면으로 되돌아온 후 확대/축소 개체를 선택하면 리본 메뉴에 **[확대/축소] 탭**이 나타나요. **[확대/축소 옵션] 그룹**에서 **[요약 편집]**을 클릭하면 구역을 추가하거나 제외시키는 등 편집이 가능합니다.

PowerPoint 02 구역으로 확대/축소하는 슬라이드 쇼 만들기

● **예제파일**: 운동_구역.pptx　● **완성파일**: 운동_구역_완성.pptx

1 구역으로 구분되어 있으면 특정 구역으로 확대/축소되면서 이동하는 링크를 만들 수 있어요. 2번 슬라이드를 선택하고 **[삽입] 탭-[링크] 그룹**에서 **[확대/축소]-[구역 확대/축소]**를 선택하세요. **[구역 확대/축소 삽입]** 대화상자가 열리면 '섹션 1'을 제외한 나머지 섹션을 모두 선택하고 **[삽입]**을 클릭하세요.

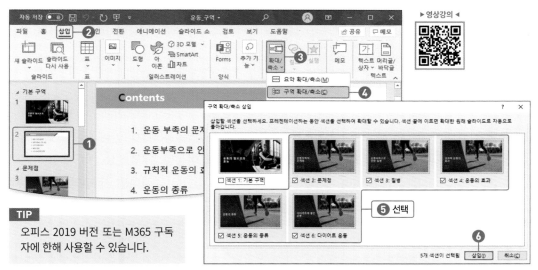

TIP
오피스 2019 버전 또는 M365 구독자에 한해 사용할 수 있습니다.

2 구역 링크가 삽입되었으면 이 링크들의 모양을 꾸며서 해당 구역의 원하는 위치로 자유롭게 이동하여 배치할 수 있습니다. 링크들을 선택한 상태에서 **[확대/축소] 탭-[확대/축소 스타일] 그룹**에서 **[자세히] 단추(▽)**를 클릭하고 **[부드러운 가장자리 타원]**을 선택하세요.

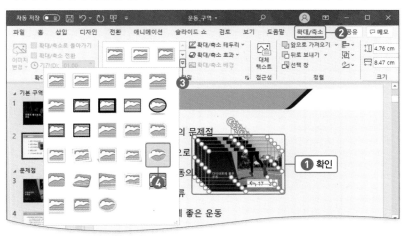

3 [확대/축소] 탭-[확대/축소 스타일] 그룹에서 [확대/축소 효과]를 클릭하고 [부드러운 가장자리]-[없음]을 선택하세요. [확대/축소] 탭-[크기] 그룹에서 '높이'를 [0.3cm]로 지정하여 크기를 작게 줄이세요.

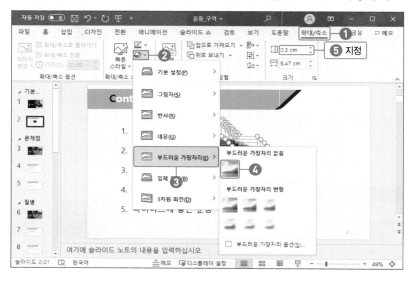

4 화면을 확대한 후 [Alt]를 누른 상태에서 하나씩 이동하여 '운동'의 'ㅇ' 안에 들어가도록 위치를 조정하세요. [Alt]를 누르고 개체를 드래그하면 세밀하게 이동할 수 있어요. [F5]를 눌러 슬라이드 쇼를 실행한 후 작게 줄여서 배치한 구역 확대/축소 링크를 클릭하면 각 구역으로 이동하다가 되돌아오는지 확인하세요.

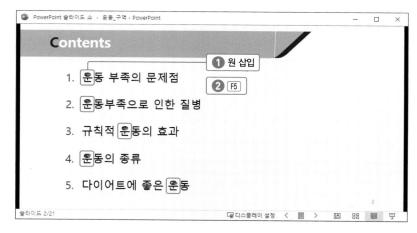

Power Point 03 다른 슬라이드로 이동하는 링크 만들기

● **예제파일**: 창의_하이퍼링크.pptx   ● **완성파일**: 창의_하이퍼링크_완성.pptx

1 2번 슬라이드에서 마지막 텍스트 개체를 선택하고 **[삽입]** 탭-**[링크]** 그룹에서 **[링크]**의 링크 를 클릭한 후 **[링크 삽입]**을 선택합니다. [하이퍼링크 삽입] 대화상자가 열리면 **[현재 문서]**를 선택하고 '20. 창의적 사고의 개념과 특징'을 선택한 후 [확인]을 클릭하세요.

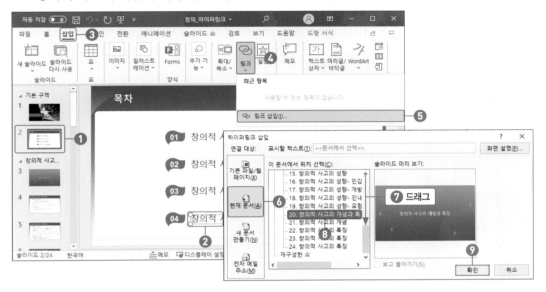

2 텍스트에 하이퍼링크를 연결했으면 F5 를 눌러 슬라이드 쇼를 실행한 후 해당 텍스트 위에서 마우스 포인터를 클릭했을 때 연결한 슬라이드로 이동하는지 확인하세요.

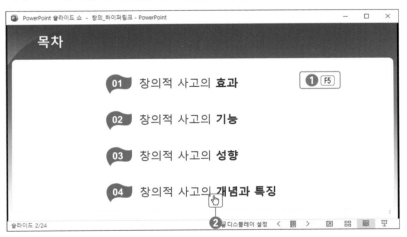

Power Point

04 슬라이드 쇼 실행중 다른 문서 실행하기

● **예제파일**: 창의_문서.pptx, 창의적사고.pptx   ● **완성파일**: 창의_문서_완성.pptx

1 4번 슬라이드에서 오른쪽 말풍선 개체를 선택하고 **[삽입] 탭−[링크] 그룹**에서 **[링크]**의 링크를 클릭한 후 **[링크 삽입]**을 선택하세요.

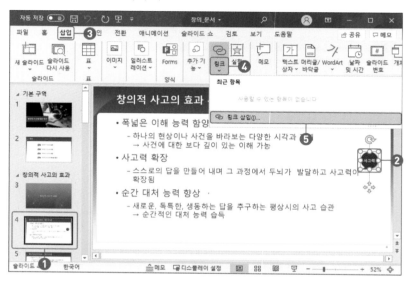

2 [하이퍼링크 삽입] 대화상자가 열리면 [기존 파일/웹 페이지]를 선택하고 '현재 폴더'에서 '창의적사고.pptx'를 선택한 후 [확인]을 클릭하세요.

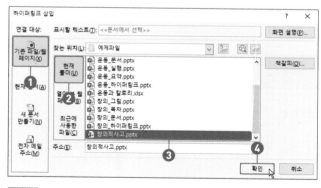

> **TIP**
>
> 파워포인트 문서가 아닌 엑셀, 한글, 메모장, 비디오 등 다른 문서도 실행할 수 있어요. '주소'에 URL을 입력하면 웹 페이지도 실행할 수 있습니다.

3 Shift + F5 를 눌러 현재 슬라이드의 슬라이드 쇼를 실행한 후 말풍선에 마우스 포인터를 올려놓고 클릭하세요.

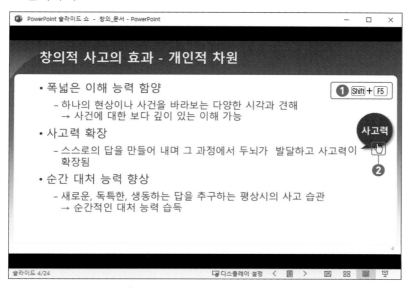

4 말풍선에 연결된 문서가 실행되는지 확인하세요.

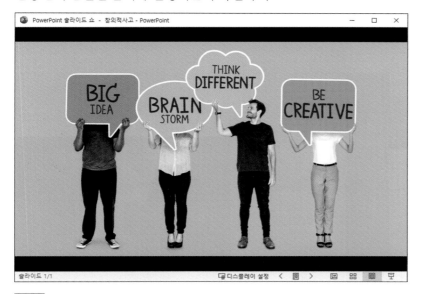

> **TIP**
>
> 연결된 경로가 변경되면 실행되지 않아요. 연결된 링크를 제거하려면 해당 개체에서 마우스 오른쪽 단추를 클릭하고 [링크 제거]를 선택하세요.

문서작성

텍스트

스마트아트그래픽

도형/도해

그림/표/차트

오디오/비디오

애니메이션

슬라이드쇼

테마디자인

저장/인쇄

03 다양한 형식으로 프레젠테이션 저장 및 인쇄하기

파워포인트 사용자가 늘어나면서 사용 목적 및 활용 범위도 더욱 넓어지고 다양해졌어요. 파워포인트에서는 기존에 제공하던 파일 형식보다 더 많은 파일 형식을 제공하고 있습니다. 또한 파워포인트 문서를 저장할 때 내 컴퓨터뿐만 아니라 온라인(클라우드)에도 쉽게 저장하여 다른 사람들과 공유할 수 있도록 공동 작업에 대한 기능도 추가되었습니다. 이번 섹션에서는 파워포인트로 작업한 문서를 PDF 파일과 비디오 파일, 유인물, 그림 등의 다양한 형식으로 저장하는 방법에 대해 배워봅니다.

PREVIEW

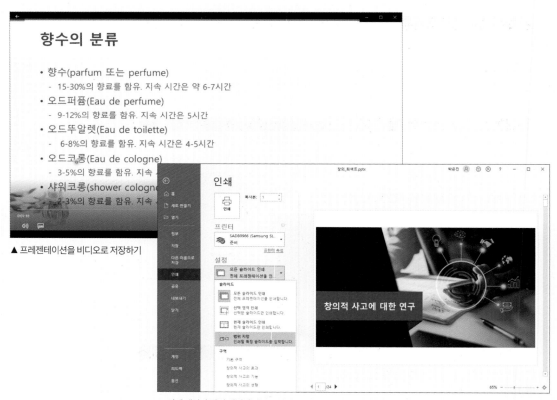

▲ 프레젠테이션을 비디오로 저장하기

▲ 인쇄 대상과 방법 설정하기

PowerPoint 01 프레젠테이션을 PDF 문서로 저장하기

● **예제파일**: 향수.pptx ● **완성파일**: 향수.pdf

1 [파일] 탭-[내보내기]를 선택하고 [PDF/XPS 문서 만들기]-[PDF/XPS 만들기]를 클릭하세요. [PDF/XPS로 게시] 대화상자가 열리면 PDF 문서를 저장할 위치를 선택하고 '파일 이름'에는 『향수』를, '파일 형식'에는 [PDF (*.pdf)]를 지정한 후 [게시]를 클릭하세요. 문서가 게시되기 시작하면 잠시 기다리세요.

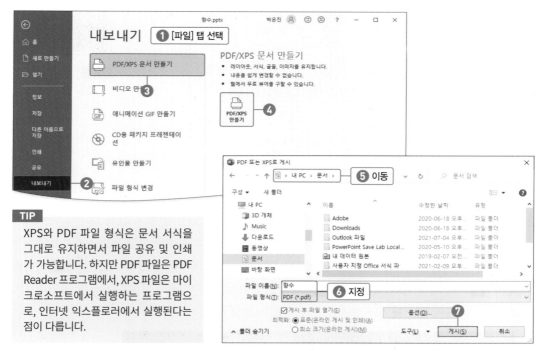

TIP

XPS와 PDF 파일 형식은 문서 서식을 그대로 유지하면서 파일 공유 및 인쇄가 가능합니다. 하지만 PDF 파일은 PDF Reader 프로그램에서, XPS 파일은 마이크로소프트에서 실행하는 프로그램으로, 인터넷 익스플로러에서 실행된다는 점이 다릅니다.

2 게시가 완료되면 PDF Reader 프로그램이 실행되면서 '향수.pdf'가 실행되는지 확인하세요.

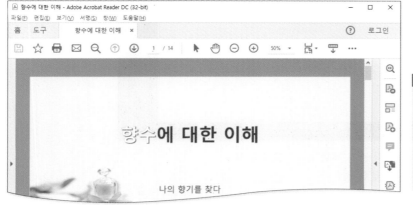

TIP

PDF 문서를 보려면 Acrobat Reader, 이지PDF 에디터, 폴라리스 오피스, 알PDF 등 PDF 뷰어가 설치되어 있어야 합니다.

02 프레젠테이션을 동영상으로 저장하기

● **예제파일**: 향수.pptx　　● **완성파일**: 향수.mp4

1 [슬라이드 쇼] 탭-[설정] 그룹에서 [슬라이드 쇼 녹화]의 목록 단추(▾)를 클릭하고 [처음부터 녹화]를 선택하세요.

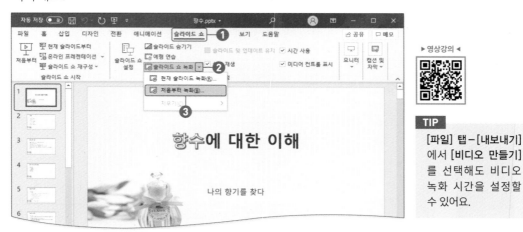

▶영상강의◀

TIP

[파일] 탭-[내보내기]에서 [비디오 만들기]를 선택해도 비디오 녹화 시간을 설정할 수 있어요.

2 왼쪽 맨 위에 녹화를 시작 및 일시 중지, 중지하는 단추가 있습니다. 녹화를 시작할 준비가 되었을 때 둥근 빨간색 녹음/녹화 단추를 클릭하거나 키보드의 R을 누르면 3초간 카운트다운이 시작되면서 녹화가 시작됩니다. 녹화 화면의 오른쪽 아래에 나타나는 [마이크] 단추(🎤), [카메라] 단추(📹), [카메라 미리 보기] 단추(📷)를 클릭하여 녹화에 영상과 음성을 사용할 것인지 선택할 수 있고 펜을 이용한 필기와 설명도 모두 함께 녹화할 수 있어요.

❶ 녹음/녹화 시작/일시 중지, 중지, 재생　　❷ 지우기
❸, ❹ 이전, 다음 슬라이드로 이동　　❺ 녹화 시간
❻ 펜 종류 및 펜 색　　❼ 마이크, 카메라, 카메라 미리 보기

3 녹화가 끝나면 슬라이드로 되돌아온 후 [여러 슬라이드] 단추(🔠)를 클릭하여 각 슬라이드마다 설정된 시간을 확인하세요.

TIP

설정된 시간 중에서 수정하고 싶은 슬라이드는 **[전환] 탭-[타이밍] 그룹**에서 **[다음 시간 후]**에 체크하고 시간을 직접 수정하세요.

4 **[파일] 탭-[내보내기]**를 선택하고 [비디오 만들기]-[HD(720p)]를 선택하여 중간 정도의 해상도로 비디오를 만듭니다. [기록된 시간 및 설명 사용]을 선택하고 [비디오 만들기]를 클릭하세요.

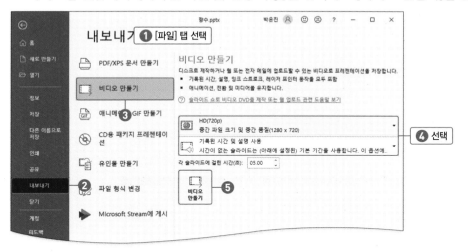

TIP

저장할 비디오의 크기
❶ Ultra HD(4K): 최대 파일 크기 및 매우 높은 품질(3840×2160)
❷ Full HD(1080p): 큰 파일 크기와 전체 고품질(1920×1080)
❸ HD(720p): 중간 파일 크기 및 중간 품질(1280×720)
❹ 표준(480p): 최소 파일 크기 및 저품질(852×480)

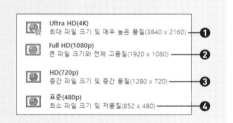

225

5 [다른 이름으로 저장] 대화상자가 열리면 파일을 저장할 위치를 선택하고 '파일 이름'에『향수』를 입력하세요. '파일 형식'에서 [MPEG-4 비디오 (*.mp4)]를 선택하고 [저장]을 클릭하세요.

TIP

'문서' 폴더가 아니라 다른 폴더에 저장해도 상관없으므로 사용자가 쉽게 찾을 수 있는 폴더를 선택하세요. 비디오 형식은 '*.mp4', '*.wmv'를 지원합니다.

6 프레젠테이션이 비디오로 저장되는 동안 화면 아래쪽의 상태 표시줄에 비디오의 저장 상태가 표시됩니다. 저장을 중지하려면 [취소] 단추(⊠)를 클릭하세요.

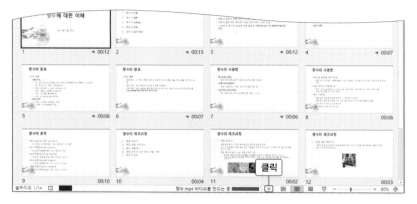

7 '문서' 폴더에서 '향수.mp4'를 실행하여 슬라이드 쇼가 비디오 파일로 녹화되었습니다. 펜과 레이저 포인터, 음성과 영상도 체크하고 녹음했다면 함께 녹화되었는지 확인하세요.

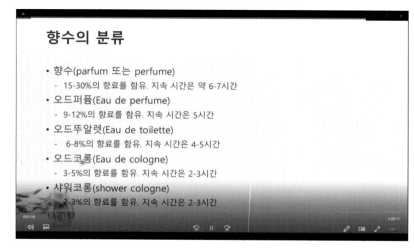

Power Point 03 프레젠테이션을 CD용 패키지로 저장하기

● 예제파일: 운동.pptx

1 [파일] 탭-[내보내기]를 선택하고 [CD용 패키지 프레젠테이션]-[CD용 패키지]를 클릭하세요.

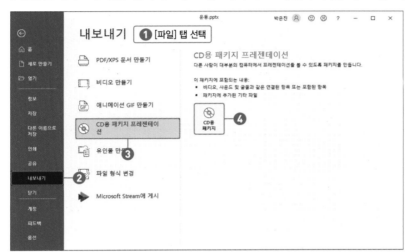

2 [CD용 패키지] 대화상자가 열리면 'CD 이름'에 『운동정보』를 입력하고 [옵션]을 선택하세요. [옵션] 대화상자가 열리면 '다음 파일 포함'에서 [연결된 파일]과 [포함된 트루타입 글꼴]에 체크되어 있는지 확인하고 [확인]을 클릭하세요. [CD용 패키지] 대화상자로 되돌아오면 [폴더로 복사]를 클릭하세요.

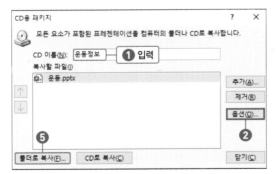
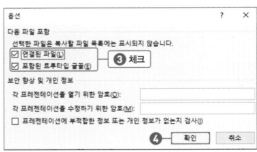

TIP

프레젠테이션 문서를 실행할 때 함께 사용하는 다른 파일이 있으면 [CD용 패키지] 대화상자에서 [추가]를 클릭하여 파일을 추가하세요. 엑셀 자료, 메모장 등 형식이 달라도 상관없어요. [옵션] 대화상자에서 [연결된 파일]에 체크하면 문서에 연결된 파일이 있을 때 별도의 파일로 함께 저장됩니다.

3 [폴더에 복사] 대화상자가 열리면 '폴더 이름'과 '위치'를 확인하고 [확인]을 클릭하세요.

4 연결된 파일을 패키지에 포함하겠느냐고 묻는 메시지 창이 열리면 [예]를 클릭하세요.

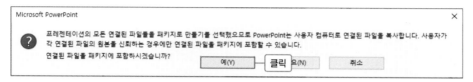

5 폴더에 파일이 복사되기 시작하면 잠시 기다리세요.

6 '운동정보' 폴더가 열리면서 함께 저장된 파일들을 확인할 수 있습니다. 이제 USB와 같은 휴대
용 저장 매체에 내용을 모두 복사해 두면 다른 컴퓨터에서도 오류 없이 안전하게 프레젠테이션
을 실행할 수 있어요.

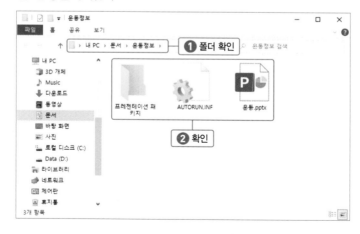

Power Point 04 프레젠테이션을 그림으로 저장하기

● **예제파일**: 운동.pptx ● **완성파일**: 운동_그림.pptx

1 [파일] 탭-[내보내기]를 선택하고 [파일 형식 변경]을 선택합니다. '이미지 파일 형식'에서 [PNG(이동식 네트워크 그래픽) (*.png)]를 선택하고 [다른 이름으로 저장]을 클릭하세요.

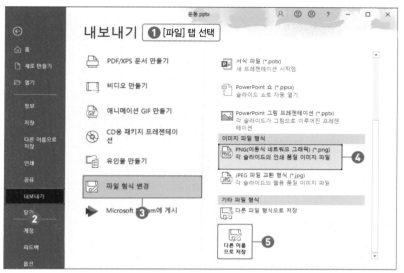

TIP

PNG, JPG는 각 슬라이드들을 개별 그림으로 저장합니다. 좀 더 좋은 이미지 해상도를 원하면 JPG보다 PNG로 저장하세요.

2 [다른 이름으로 저장] 대화상자가 열리면 저장할 경로를 선택하고 [저장]을 클릭하세요.

229

3 내보낼 슬라이드를 [모든 슬라이드]로 선택하면 선택한 경로에 '운동' 폴더가 만들어지고 문서에 포함된 모든 슬라이드들이 별개의 png 그림 파일로 저장됩니다. 이때 [현재 슬라이드만]을 선택하면 현재 슬라이드만 이미지로 저장됩니다.

4 탐색기 창에서 '운동' 폴더를 찾아 열고 모든 슬라이드들이 그림으로 저장되었는지 확인하세요.

5 이번에는 [파일] 탭-[내보내기]를 선택하고 [파일 형식 변경]에서 '프레젠테이션 파일 형식'의 [PowerPoint 그림 프레젠테이션 (*.pptx)]을 선택한 후 [다른 이름으로 저장]을 클릭하세요.

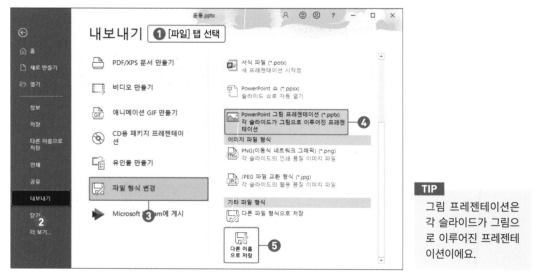

TIP
그림 프레젠테이션은 각 슬라이드가 그림으로 이루어진 프레젠테이션이에요.

6 [다른 이름으로 저장] 대화상자가 열리면 '문서' 폴더에 '파일 이름'을 『운동_그림』으로 입력하고 저장하세요.

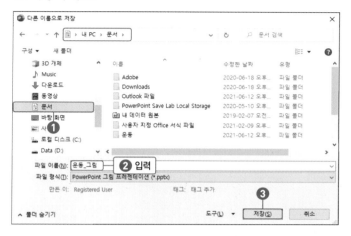

7 복사본이 지정한 폴더에 저장되었다는 메시지 창이 열리면 [확인]을 클릭하세요.

8 '문서' 폴더에서 '운동_그림.pptx'를 열고 슬라이드의 내용을 선택하면 리본 메뉴에 [**그림 서식**] 탭이 나타납니다. 슬라이드의 모든 내용이 그림으로 변환된 것을 확인할 수 있어요.

필요한 슬라이드만 선택해서 회색조로 인쇄하기

● **예제파일**: 창의_회색조.pptx

1 [파일] 탭-[인쇄]를 선택하고 '설정'에서 [범위 지정]을 선택하세요.

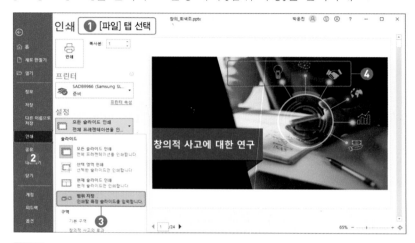

TIP

'설정'에서 [모든 슬라이드 인쇄]가 선택되어 있어도 '슬라이드'에 인쇄할 슬라이드 번호를 입력하면 자동으로 [범위 지정]이 선택됩니다.

2 '슬라이드'에 『1-2,8-24』를 입력하고 컬러를 [회색조]로 선택한 후 화면의 오른쪽에 있는 인쇄 미리 보기 화면을 살펴보면 '회색조' 인쇄에서는 '배경 서식'으로 지정한 배경 이미지가 인쇄되지 않습니다. 인쇄할 페이지 수가 19페이지로 변경되었는지 확인하고 [인쇄]를 클릭하여 회색조로 인쇄하세요.

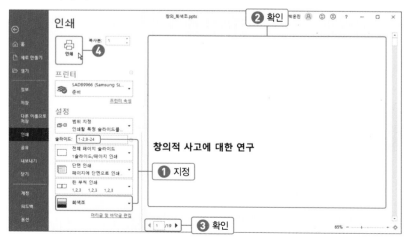

TIP

인쇄 설정은 문서 내용과 함께 저장되지 않으므로 출력할 때마다 다시 설정해야 해요.

Power Point 06 3슬라이드 유인물로 인쇄하기

◉ **예제파일**: 창의_유인물.pptx

1 **[파일] 탭-[인쇄]**를 선택하세요. '설정'에서 [모든 슬라이드 인쇄]를 선택하고 [전체 페이지 슬라이드]를 클릭한 후 '유인물'에서 [3슬라이드]를 선택하세요.

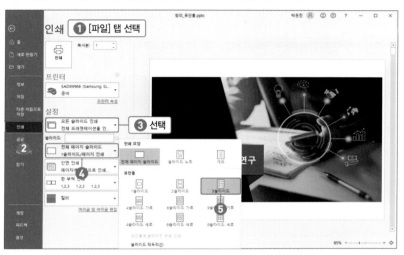

2 화면의 오른쪽에 인쇄 미리 보기 화면이 나타나면 세로 방향으로 '3슬라이드' 유인물이 인쇄되는지 확인하세요.

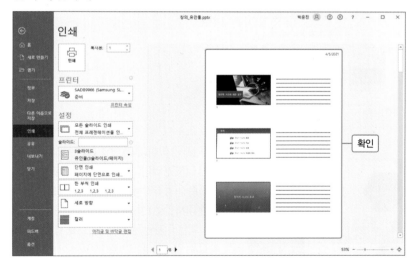

디자인 아이디어로 디자인 서식 쉽게 적용하기

M365 구독자라면 '디자인 아이디어'를 사용하여 쉽고 빠르게 멋진 디자인 서식을 완성할 수 있어요. 디자인 아이디어는 사용자가 슬라이드에 콘텐츠를 추가하는 동안 백그라운드에서 콘텐츠에 어울리는 전문가급 디자인의 레이아웃을 찾기 위해 작업한 후 몇 가지 안을 제안합니다. 그러므로 사용자는 마음에 드는 디자인을 선택하기만 하면 됩니다.

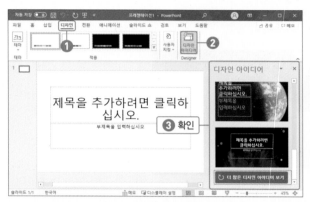

1 새 프레젠테이션을 만들면 화면의 오른쪽에 [디자인 아이디어] 작업 창이 자동 생성되어 클릭만 하면 작업 중인 문서에 디자인이 바로 적용됩니다. 만약 디자인 아이디어가 자동 실행되지 않으면 **[홈] 탭**이나 **[디자인] 탭-[Designer] 그룹**에서 **[디자인 아이디어]**를 클릭하세요. [디자인 아이디어] 작업 창에서 [더 많은 디자인 아이디어 보기]를 클릭하면 더 많은 디자인 아이디어를 생성할 수 있어요.

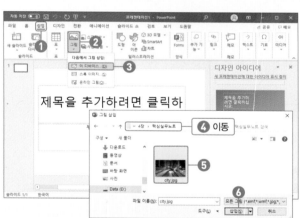

2 제시된 디자인 아이디어가 마음에 들지 않으면 원하는 그림을 삽입해 볼게요. **[삽입] 탭-[이미지] 그룹**에서 **[그림]**을 클릭하고 **[이 디바이스]**를 선택합니다. [그림 삽입] 대화상자가 열리면 부록 실습파일에서 'city.jpg'를 선택해서 삽입하세요.

3 [디자인 아이디어] 작업 창에 삽입한 그림을 활용한 디자인 아이디어가 표시되면 작업 창의 아래쪽으로 이동하면서 디자인을 둘러보고 표지에 적합한 디자인을 선택하여 문서에 적용하세요. 이때 생성되는 디자인은 가변적이므로 항상 모양이 달라질 수 있습니다.

④ 디자인의 연속성을 위하여 1페이지에 삽입된 그림을 복사(Ctrl+C)하고 **[홈] 탭-[슬라이드] 그룹**에서 [새 슬라이드]의 🔲 를 클릭하여 2번 슬라이드를 삽입한 후 복사한 그림을 붙여넣으세요 (Ctrl+V). 이렇게 하면 [디자인 아이디어] 작업 창에는 다시 그림을 이용한 새로운 '디자인 아이디어'가 제시됩니다.

⑤ [디자인 아이디어] 작업 창에 있는 하나의 디자인을 선택하면 2번 슬라이드에 디자인이 적용됩니다. 이와 같은 방법으로 디자인 아이디어를 계속 생성하고 적용할 수 있어요. 사용자가 슬라이드에 콘텐츠를 추가하는 동안 백그라운드에서 콘텐츠에 어울리는 전문가급 디자인의 레이아웃을 찾기 위해 작업합니다. [디자인 아이디어] 작업 창을 닫은 후 다시 실행하려면 **[홈] 탭** 또는 **[디자인] 탭-[Designer] 그룹**에서 **[디자인 아이디어]** 를 클릭하세요.

⑥ 새 프레젠테이션을 만들었을 때 [디자인 아이디어] 작업 창이 자동으로 실행되지 않게 하려면 **[파일] 탭-[옵션]**을 선택합니다. [PowerPoint 옵션] 창이 열리면 [일반] 범주를 선택하고 'Power Point Designer'에서 [디자인 아이디어를 자동으로 표시]의 체크를 해제한 후 [확인]을 클릭하세요.

TIP

여기서 다룬 내용은 Microsoft 365(M365) 구독자만 사용 가능한 기능입니다. 파워포인트 2013~2021 버전에서는 실행할 수 없으니 주의하세요.